Collegium Nürnberger Mundartdichter
herausgegeben von Norbert Autenrieth

Friedrich Ach

Dr. Norbert Autenrieth

Margit Begiebing

Christa Bellanova

Erich Hübel

Peter Landshuter

Jürgen Leuchauer

Annette Scheil

Fritz Stiegler

Walter Tausendpfund

Mer red ja ued, mer sachd ja blous

Heiteres und Hintergründiges
aus den Tiefen der fränkischen Seele

Impressum

Gestaltung: Birgit Stocker, VNP

Grafiken: Fritz Lang

Satz: ScandiavianBook

Gesamtherstellung: ©Verlag Nürnberger Presse, Druckhaus Nürnberg GmbH & Co. KG

Inhalt

Vorwort

Das „Collegium Nürnberger Mundartdichter" legt hiermit seine Anthologie „Mer red ja ned, mer sachd ja blous" vor und gibt mit dem Untertitel „Heiteres und Hintergründiges aus den Tiefen der fränkischen Seele" an, was das poetische Schaffen der Autorinnen und Autoren antreibt.

Was aber ist das „Collegium Nürnberger Mundartdichter"? Schon deshalb ein gewisser Anachronismus, als nach den Beschlüssen der Orthografischen Konferenz von 1901 die Schreibung mit C nicht mehr korrekt ist. Eigentlich müsste es Kollegium heißen. Und dabei ist das Collegium erst 1966 gegründet worden. Da haben sich die Gründer selbstbewusst über Regeln hinweggesetzt. Und auch sonst ist manches beim Collegium ungewöhnlich. Weder ist das Collegium eine „akademische Studiengemeinschaft", noch viel weniger ein Verein. Es besitzt es keine Statuten, keine Vorsitzenden, keinen Schatzmeister, trotzdem besteht es seit über fünfzig Jahren. Erstaunlich. Was aber hält das Collegium zusammen? Das gemeinsame poetische Schaffen, das bewusst die Mundart in den Mittelpunkt stellt – das hält es offensichtlich zusammen. Dreizehn Mitglieder hat das Collegium aktuell, wovon zehn zu dieser Anthologie etwas beigetragen haben.

Und wie das Collegium auf alle bürokratischen Strukturen verzichtet, so lässt es seinen Mitgliedern auch die Freiheit im poetischen Gestalten. Das betrifft nicht nur Inhalt und Form. Seit den Zeiten Conrad Grübels, dem Protagonisten der Nürnberger Mundartliteratur aus dem 18. Jahrundert und auch mit „C" geschrieben, gibt es denn unzählige Versuche, der sperrigen Mundart ein phonetisch „richtiges" Schriftbild zuzuweisen. Wie der Leser unschwer erkennen wird, ist dies auch in diesem Bändchen nicht geschehen und ist auch nicht beabsichtigt. Schon die Herkunft oder Ansässigkeit der Autoren und Autorinnen weist sie differenzierten Sprachräumen zu. Nicht nur Nürnberger Idiom, sondern zum Beispiel auch Pegnitz oder der Ansbacher Raum sind vertreten. Selbst die „echtnürnberger" Dichter und Dichterinnen haben individuelle Notationsformen anzubieten. Wie es sich für das Selbstverständnis des Collegiums gehört, werden diese nicht in eine normierte Form gezwungen – gerade das macht ihren Reiz aus, auch wenn man sich ein bisschen einlesen muss.

Es ist gar nicht so einfach, einen Verlag für solche Art Literatur zu finden – lebt sie doch mehr vom Hören als vom Lesen. Umso mehr sind wir dem Verlag Nürnberger Presse zu Dank verpflichtet, der sich dazu bereit erklärt hat. Insbesondere den Verlegerinnen Bärbel Schnell und Sabine Schnell-Pleyer. Da war es ein Glück, dass Collegiumsmitglied Jürgen Leuchauer die ersten Pfade gelegt hat und durch die engagierte Betreuung von Cornelia Hädrich das Buch zu einem guten Ende gebracht worden ist – auch dank der Lektorierung durch Margit Begiebing und Jürgen Leuchauer. Und ohne die Beiträge der Collegiumsmitglieder wäre alles nicht möglich geworden – über sie ist am Ende des Buches etwas zu erfahren. Nicht zuletzt ist dem Weggefährten und Künstler Fritz Lang für die Grafiken zu danken.

Bleibt jetzt nur noch viel Lesevergnügen zu wünschen:

Dr. Norbert Autenrieth,

Sprecher des Collegiums Nürnberger Mundartdichter

Woss di Sproch su ausmachd

Ja was macht es aus, das Fränkische? Welche Mundart hat so schöne Wörter wie „Buddlersbaa" oder „Nachtgiecher"? Aber man muss aufpassen, da es keinen Unterschied zwischen hart und weich zu sprechenden Lauten gibt, also zwischen b und p oder d und t, gibt. Wenn einer zum Beispiel sagt: „Mensch, hodd der ä Gribbn", dann kann es sein, dass seine Gesundheit einen Treffer weghat oder er besonders voluminös beieinander ist oder das Weihnachtsgeschehen sehr schön dekoriert hat. Auf den Zusammenhang muss man achten! Und an das Nürnberger „ühl" muss man sich gewöhnen. Die Zunge muss dabei an die Unterlippe gedrückt werden. Eine Freude für jeden Nürnberger ist da die „Oddo Liliendoolschdrass".

Aufpassen muss man auch, da der Franke gerne verkürzt. Mancher wird nachfragen, wenn einer sagt, er käme aus „Roschdl" – Roßtal – oder aus „Schborch" – Cadolzburg. „Dou dein Kakdus gäissn, sunsd verderderder" ist ein erhebendes Beispiel, allerdings noch übertroffen vom unterfränkischen Idiom: „I ho aa ä Äi ü." Na, was heißt das wohl? „Ich habe auch ein Ei übrig."

Auch die Grammatik ist etwas reduziert, weil der dritte Fall mit dem vierten zusammenfällt und es den zweiten nicht gibt: „Du mousd fei des Fudder dein Hund gehm" oder „Des is den Meier sei Audo".

Dass sich dies noch zwischen unseren Autoren/innen aus Nürnberg, Pegnitz, Seitendorf, Cadolzburg, Fürth etc. differenziert, ist liebenswert und zeigen die folgenden Seiten.

Ja, das Fränkische hat immer auch etwas lautmalend-Poetisches und so gilt für folgendes Kapitel oft auch bisweilen das Urteil eines Kritikers zu Morgensterns „Galgenliedern": *„Der Inhalt ist Stumpfsinn, aber der Stil ist wunderbar."*

Immär alaans
Oddär:
A Dichdär sachd voa woss är si färchd

„Iich gäih
su goud
wäi nimmär foard."

„Und wenn jou,
dann wechsl-i,
wenn-i inn di Näh
voa annär Buchhandlung
oddär Bibliodheg kumm,
sofoard di Schdrassnseidn."

„Und Lesunga,
voa andre Dichdär
und Dichdärinna,
däi färchd-i su,
wäi där Deifl
ess Weihwassär."

„Und dess alles,
blouß wall-i
a färchdärliche
Angsd hoabb,
dass-i durch-s Lesn
und durch-s Vuärglesn gräing
mei unnachoahmli-einmoalichär
zendroal-middlfrängischär
Mundoard-Schdil
midd-m Schdil
voa di andärn Schrifdschdellär
su schdarg värmischn deed,
dass-i amm End
nimmär undärscheidn kennd,
obb edz iich su schreib
wäi di andärn,
oddär obb di andärn
su schreim wäi iich."

Friedrich Ach

Glabbern

Woss glabberdn dou?
Woss glabberdn dou?
I glaab, des is di Oma.
Woss glabberdn dou?
Woss glabberdn dou?
Di Oma däi is dou!

Wer blabberdn dou?
Wer blabberdn dou?
I glaab, des is dä Oba.
Wer blabberdn dou?
Wer blabberdn dou?
Dä Oba der is dou!

Wer sabberdn dou?
Wer sabberdn dou?
Dou sabberd anner, oha!
Wer sabberdn dou?
Wer sabberdn dou?
I glaab, des is dä Bou.

Peter Landshuter

Kinderreim – Hund und Katz

Ei ei ei   di Katz is gfreggt
Ei ei ei   mir homms versteckt
Ei ei ei   a loch ausgrohm
Ei ei ei   deff mer kann sohng

Ei ei ei   der Hund is hie
Ei ei ei   ja, saggradie
Ei ei ei   ins gleiche Loch
Ei ei ei   dou find mern doch

Ei ei ei   des is ned wohr
Ei ei ei   des wohr doch glohr
Ei ei ei   dä Hund machd WAU
Ei ei ei   di Katz MIAU

Peter Landshuter

fraali

fraali
sen di blumme schee
kloor...
aa
di felsn doo driieme
kloor...
aa
di burch dord droome
kloor...
aa
däi schdedle
und dees alles hald...

kloor

dees waaß me doch...

desdeweeng
mou me no lang ned oohgeeehm
wäi zeeh naggede neeche

Walter Tausendpfund

Starbucks

Fräiher, wennsd dou ämool in Nemberch in der Könichstrass eikaafn ganger bisd und hossd änn glusderer gräichd, dann bisd hald ins nächsde kaffee nei und hossd gsachd:„Iich hädd gern än Kaffee." Edz hädds sei kenner, dass di bedienung no frächd: „Ä dassn odder ä borzion?" Des woars dann scho. Su einfach gäihd des heid nimmer. Binni doch in suer Kaffee nei, des hassd scho su komisch „Schdarbuggs" odder su ähnli.

Jednfalls binni dou nei und an di deegn hi und hobb gsachd: „Iich hädd gern ä dassn kaffee." Di verkeiferi hodd mi äweng vo obn herab oogschaud, als wäri äweng bläid, und hodd gsachd. „Ja welchn wollns dann" und hodd aff ä suer riesndoofl, di hinder ihr ghängd is, hiideid. Mei läiber, woar dou ä zeich gschdandn. Under Espresso-Getränke hobbi dengd, konni mir doch sicher woss fuhrschdelln, obber von weechn! Woss ä Frappuccino R blended beverage oder cream Frappuccino R blended beverage sei soll, hobbi ned gwissd. Und dou hodds zum beischbiel a gehm: Än Vanilla bean Macchiato odder än Honey Blossom Macchiato. Iich hobb dann meine englischkennd-nisse zammgsammeld und bin draaf kummer, dass weder Vanillebohner noch Honigblüten irgendwie nach kaffee klinger und än vereisdn Amerika-ner, also än iced Americano, hobbi erschd rechtd ned gmechd. Mir langds schon, wenn mei frau immer su kalde fäiß hodd. Ieberhabbds hodds bei dener alles a a iced gehm. Und woss edz der underschied zwischn än Cof-fee Frappucino R blended beverage und äm Coffee Frappuccino R blended light beverage sei soll hodd mi scho äweng radlos gmachd und under äm Java Chip light Frappucino R blended beverage hobbi mir scho goar nix mer vurschdelln kenner. Des woar ja nu lang ned alles. Solche lisdn hodds a fier än Kakau und än Tee gehm, endschuldigung, nadürli fier Cocolate und Tea. Mir is bei di nohmer dann nur nu aafgfalln, dass mer än kaffee edz a an-ders ausschbrechn mou wiä fräiher, weils den akzend rumdrehd homm, also nimmer Caffé, sondern Caffè. Dou schmeggder beschdimmd glei besser. Und der mokka aa. Weil des hassd edz Mocha.

Iich hobb mir dann dachd, dou nimmsd edz des middn längsdn nohmer und hobb mer dann än „Java Chip Chocolate Cream Frappuccino R blended beverage" beschdelld. Und di dame hinder der deege hodd mi dann nu gfroochd: "To go?" und iich hobb gsachd. „Na, to drink." Dou is dann obber fasd bees worn und hodd gsachd: „Wollnsn miednehmer?" Und iich hobb mer dengd, edz is scho worschd und hobb gmaand: „Ich mächerd obber kann babbbecher, weil iich fiern umweldschudz bin." Und dou hodds mer dann oobuudn: „Mir homm a drinkware." Also, des sin einfach dassn aus borzellan odder blech. Iebrigends in verschiedene größn. Na, ned su brimidiv:. klaa, middel, grous, sondern niedrig, hoch, grande und venti. Iich hobbmer dann dengd: Fier än „Java Chip Chocolate Cream Frappuccino R blended beverage" brauchsd dann scho woss ordendlichs und hobb än „Facettierten Edelstahlthermobecher Aquablau" gnummer, selbsdverschdändli venti.

Bevuhr i nausganger bin, hobbi, weil iich ja immer woss lerner will, di verkeifri nun gfroochd: „Warum issn hinder dem word „Frappucino" immer ä greis middern groaßn R drin?" No hodds gsachd: „Des wassi aa ned" und hodd zu dem moo an der kaffemaschiner nieberbrülld. „Äh, Franz, wass du, woss des R hinder Frappucino bedeld?" Und der hodd wäi aus der bisdohln gschossn gsachd: „Registered Trade Mark." Aha, „registrierte Warenmarke"!

Edz wassi aa, warum mei „Java Chip Chocolate Cream Frappuccino R blended beverage" su deier is. Der is ja sugor gschüdzd.

Dr. Norbert Autenrieth

Gschdulln

Däi Sulln hod gschdulln.
Wos hodds denn gschdulln?
Kulln hodds gschdulln,
däi Sulln

Eds mäimer die Bolli hulln,
wecher der Sulln.
Hod däi doch Kulln gschdulln.
Ausgrechnd Kulln,
däi Sulln.

Norbert Autenrieth

Dagesordnung

Woss schdehd edz dou?
Zerschd kummd ä „coming in"?
Dann is ä „brainstorming",
dernooch ä „briefing"
und ä „impulsreferat"
und am schluss
ä „feedback"

Bini edz gou wergli richdi
aff der jahreshaubdversammlung
vom heimadverein?

Norbert Autenrieth

Berta und die Badeschlappen

Berta, meine Nachbarin, hat mir letzthin von einem Einkaufserlebnis erzählt. Nämlich, dass sie in einem großen Bekleidungshaus in der Karolinenstraße nach Badeschlappen gesucht hat und sich mit einer Verkäuferin folgender Dialog entwickelte:

„Sie, wou gibbds nern dou Bodeschlabbn?"

„Im Basement."

„Wäi ? Wou?"

„Im Basement!"

„Des is mir woschd, ob in Bäismend oder in Blasdig eigwiggld."

„Nicht in Plastik eingewickelt, sondern unten im Basement halt."

„Wäisu sind Bodeschlabbn blous undn eigwiggeld?"

„Nein, ich meine, Sie finden die Badeschlappen unten im Basement."

„Und wou is edz nacherd des Bäismend?"

„Na Unten."

„Wou undn?"

„Unten, im Keller.

„Wäisu doud nern ihr däi ned raaf zum Verkaafn?

„Naja, weil jetzt Verkaufsflächen auch im Keller sind und der heißt jetzt Basement."

„Dann seid ihr edz nimmer der Grauinger, sondern hass edz Bäismend?"

„Nein, aber nein, Basement ist doch die Bezeichnung für Keller, also Untergeschoss."

„Obber dou wor mer doch grod scho."

„Nein da waren Sie noch nicht."

„Na, dou wor mer fraali nunni, wall mir immer nu ba di Bodeschlabbn sind."

„Sie, sie machen mich nun aber langsam verrückt, möchten Sie nun Badeschlappen oder nicht?"

„Ner fraali, und däi häddi a scho längsd, wenn iich wisserd wou welche sin."

„Das habe ich Ihnen aber schon mindestens dreimal gesagt."

„Gsachd, gsachd, gsachd, bläid daher gred homs – bäisment odder su."

„Es ist aber doch nun mal so, dass wir die neudeutschen Begriffe verwenden müssen."

„Vo wem aus – hä?"

„Von den Publicity-Managern.

„Na fraali, und däi hom gsachd, dass di Bodeschlabbn in Keller mäin?"

„Nein, das nicht, die hätten wir überall hinstellen können."

„Edz kenner mi goar nimmer aus, warum schdellnsessen dann ned iberall hi?

Laut, genervt schreiend ruft die Verkäuferin:

„Wall der Blads dafir eimbfach im Bäisment vuurgseng is !"

„Allmächd es is ja scho siehmer, ich mou gäi, dann gibds hald heid nu kanne Bodeschlabbn! Ade."

Beim Hinausgehen entdeckte Berta noch einen Kleiderständer. Daran hin-

gen für sie interessante Sachen. Da aber die Zeit nicht mehr ausreichte ging sie am nächsten Tag nochmal zum Grauinger. Und wieder zeigte Berta die umfangreiche Palette ihres Nichtverstehens. Glücklicherweise erwischte sie eine andere Verkäuferin, mit der sich die Unterhaltung so gestaltete:

„Dschuldigung, wou sinnern däi SALE vo gesdern?"

„Wie?"

„Ich hobb gesdern dou neber der Rolldrebbn an Schdänder mit SALE enddeggd und edz mecherd iich an SALE kaafn."

„Verzeihung, aber ich weiß nicht was Sie meinen."

„Aldzo – gesdern – hier in ihrem Loden, genau an dera Schdell – woar a Schdänder midd am Schild drieber und aff den Schild is ohmerdrieber gschdandn: SALE und iich mecherd edz an und zwoar in gelb. Homs nu ann?"

„Was?"

„SALE"

Das Kopfschütteln der Verkäuferin verhieß nichts Gutes.

„Homs vielleichd kanne gelbn mehr und hom desderwehng en ganzn Schdänder wech?"

„Gute Frau, ich möchte Ihnen ja gerne helfen, aber Sie müssten mir schon etwas genauer sagen, was sie wollen."

„Soongs blous, Sie wissen selber nedd, wos Sie in Ihrm Loodn verkaafn? Grouse Schilder hiimachn, dass SALE verkaffd wird und dann, wemmer ann will, kräichd mer kann mer.

Ausgschaud homs wäi Bullover, obber wenn däi edz SALE hassn, dann is mir des worschd, Haubdsach, iich hobb wos Warms zum oozäing. Kräich iich edz an SALE odder nedd. Und gelb soller sei, gell."

„Entschuldigung, aber da haben Sie was falsch verstanden, dieses SALE bedeutet reduziert."

„Warum schreims ner dann des nedd hi?"

„Das heißt jetzt doch so, weil es ja keinen Winterschlussverkauf mehr gibt."

„Alzo edz werds ja woll immer bläider. Kann Schlussverkauf mehr. Wou gibbds denn suwos, obber wenn Sie däi Sachn doch suwisu alle billicher hergehm, wou is nern dou der Underschied – ob des edzer Winderschlussverkaaf odder SALE hassd?"

„Naja, der Zeitgeist macht es eben notwendig, dass man mit der Zeit gehen muss."

„Ja des glaab iich a, dass Sie und der Loodn dou midd der Zeit gäi main, wall iich kumm nimmer."

Kaum hatte mir Berta ihr Einkaufserlebnis erzählt, gesellte sich eine weitere Kundin dazu, die lediglich die Worte SALE und Pullover aufge- schnappt hatte und hat uns ungefragt berichtet, dass auch sie sich nicht mehr auskennt:

„Schdelln ser si bous amol vuur, wor iich naili in an andern Kaufhaus und dou is mir aafgfalln, dass edzer nedd blous, wäi Sie soong, die Bulluver, sondern a die Anorags, Huusn, Schoals, Midsn, Schou und sugoor die Depf SALE hassn. Wäi soll mer si denn dou nu auskenner, wenn alles gleich hassd."

Annette Scheil

Laudär schäine Wördär
Oddär:
A a frängisch Wördärbouch is nach-m A-BE-DSE ei-deild

Ärschd kummd ärschd.
A bissla schbedär
kummd dänouch.

Dou-dänouch kummd
nedd gnouch oddär houch,
ondärn dou-dänouch.

Dann ärschd kummd edz.
Und dou-dänouch,
dou kummd dann,
glei nach-m fei,
endli dess Wördla glei.

Und ärschd dou-dänouch
dou kumma dann
di Wördär gnouch und houch.

Und edz,
edz is Schluss,
wall fir heid,
dou hoabb-i gnouch,
voa Wördär wäi
houch oddär gnouch
und dou-dänouch,
und woss sunsd nu
alläs drinn-schdäihd
inn meim glanna
frängischn Wördärbouch.

Friedrich Ach

Goude vorsätz

Es nächsdemol,
wenn i den ruudzboum siech,
dan konner woss derlehm.

Wenn der widder su ä
ruudzgloggn hodd,
däi an seiner ruudznosn hängd
und däi dann
midsamd di ruudzbubbel
langsam es ruudzrinnle nunderläffd -
wall ä ruudzfohner
nimmd der ja ned,
obber derfier ruudzfreche
andwordn gehm,
der ruudzlöffel -
dann hauin anne
aff sein ruudzkolm,
dasser ruudz und wasser greind.

Norbert Autenrieth

Merkwürdich

I merk immer mehr, dassi
merk, dasser mer nix mehr merk.
Manchmol merkis a net.
I merks erst dann,
wenni merk,
dasser mer net gmerkt hobb,
wosser mer merkn hätt
solln oder wolln.
Is scho merkwürdich,
mit dera Merkerei.
Und wenner mer dann
wos net gmerkt hob,
wosser mer merkn hätt solln,
odder wos mei Fraa
gmaant hat,
dasser mer merkn hätt solln,
dann meckerts.
Manchmohl merk ich ja scho
im Vorfeld,
dass ets dann gmeckert wärd.

Ich merk des manchmol ganz deitli.
Ja, dou merk ich dann, dass ets
dann glei gmeckert wärd,
blous wall ich mir widder amohl
wos ned gmerkt hob.
Mei Fraa merkt dann a,
dass ich wos merk,
merkt obber net,
dasser mer des eigndli gohr net
ohmerkn loun will.
Wall sunst kennt ja widder gme-
ckert wärn.
Und meckern, merk ich, mooch ich
immer wenger.
Derbei hob ich gmerkt,
dassi di Andern a nemmer Olles
merkn kenna.

Merkters a scho?

Peter Landshuter

A schloachfärdiche Beleidichung
Oddär:
Wäi a Dichdäri ganz loggär
iihrn Kubf ass där Lidäradurgridigär-Schlinga zäichd

Där Lidäradurgridigär sachd:
„Iihr neiär Dexd
is su-woss voa langweili,
dou-dägeeng is sugoar
ess Delefonbuch
a schbannendär Reißär!"

Und die Dichdäri
gibd-närn
zuär Andwoard:
„Mein Resbägd,
dou zäich-i mein Houd.
Di Doarschdellung
annär sich unheimli zäichärdn
Langweilichkeid,
dess is ja groad dess,
woss-i midd meim Dexd
ärreing will."

„Sin-s mär nedd bäis,
obbär iich hädd niie
und nimmär dengkd,
dass groad Si
dess ärkenna kenna!"

Friedrich Ach

Vomm und zumm und Oddär: Woardschbiel-Dialooch

Där Gärch:
„Und?"

Där Schoarsch:
„Und
und woss?"

Där Gärch:
„Und oddär."

Där Schoarsch:
„Und oddär woss?"

Där Gärch:
„Und oddär oddär."

Där Schoarsch:
„Und wenn nedd
und oddär oddär?"

Där Gärch:
„Dann hald blouß
und,
nix als wäi und."

Friedrich Ach

Allmächd, wer hädd mid suwoss grechnd!

Die Zeiten ändern sich, man hat den Eindruck, sie ändern sich immer schneller. Wer hätte gedacht, dass aus einem „Vermummungsverbot" mir nichts dir nichts ein „Vermummungsgebot" wird, dass Sprüche wie „dumm gelaufen" angesichts gewisser quergedachter Spaziergänge ebenso eine neue Bedeutung erfahren wie der Begriff „Spritztour".

Seuchen stellen unseren Alltag auf den Kopf, Lebensverhältnisse ändern sich schneller, als man denken kann, Nachrichten überschlagen sich – nur der Club steigt nicht auf.

Aber selbst die Kleinigkeiten und Widrigkeiten des täglichen Lebens und Erlebens veranlassen den Franken immer öfter zu seufzen: *„Wer hädd mid suwoss grechnd"!*

Dazu braucht es im täglichen Alltag nicht viel: Da können „blaue Jaggn" zur Obsession werden, wundern kann man sich auch, wenn jemand zu Süßstoffen, die er nicht einmal mag, ein durchaus sentimentales Verhältnis entwickelt. Tja, die ältere Generation kommt manchmal nicht mehr so richtig mit, aber gottseidank gibt es ja das Fernsehen, das nicht zuletzt zur Gesunderhaltung beiträgt, ja selbst als selbsternannter psycho-hygienischer Aufpasser dienen kann. Aber manchmal nützt selbst das gesündeste Leben nichts, leider.

Da nutzt es auch nichts, wenn man sich auf „Veganes Reiten" verlegt und selbst im Biergarten, dem Ort urfränkischen Relaxens und bisweilen sogar ein Ort der Kommunikation, kann es passieren, dass einem teuflische Gestalten beides vermiesen. Ja, es gibt eben immer wieder Sachen, mit denen man landläufig nicht rechnet …

Dodoal värnedzd
Oddär:
Miir wolln doch blouß ess Besde fir diich

Wä-i nachds
umma halba zwaa
nu ann Grimmi
oschaua hoabb wolln,
hoadd mei
indärnedd-fähichär
Färnsehär zu miir gsachd:

„Su aufrechnde Filme
sinn fir dein Blouddrugg
ess reinsde Gifd.
Und außärdeem solläs-d,
inn deim Aldär,
umm däi Zeid,
suwisu
schoa lengsd imm Bedd saa!"

Und dann,
dann hoadd-si
mei Färnsehär
voa ganz allaans
ausgschalld.

Friedrich Ach

**Fir solche Soochärär is-är bekannd
Oddär:
Woss där Schoarschn Gärch,
wäi-är schoa a weng ogseisld woar,
glalld hoadd**

„Miich hoam-s
boa där Geburd
midd miir selbär värdauschd."

„Seiddem
binn-i
mei eingnär Broudär."

A Dedegdiv värräd ann Drigg
Oddär:
Bis edz hoadd nu kannär woss gmärgd

Iich värfolch di Leid
inn-deem-i
vuär iihnän här gäih.

Friedrich Ach

Mei blaua Jaggn

Däi Fraa, däi wou vuur miir leffd, wärd imma schnella. Lefd davoo, fuur miir. Rennd, als ob's wos gschdulln hedd. Hod's ja aa. Dou kenndi mein Gniddlaskubf draf vaweddn.

Abba iich glaab, iich mou däi Gschichd vo vorn derzilln. Vuur a boar Monadd woor ich aaf anna Veranschdaldung voo unsan Verein. Iich wor ball droo und hobb mei schäina neia Jaggn schomol anan Asd aafhengd . Also aaf an neimodischn Garderobnschdända, der wou wäa Baamschdamm ausgschaud hodd. Goa ned schlechd, hobbama no denggd. A gouda Iddee.

Es woar ganz schäi wos loas, drum homm miir nedd in den Raum neikennd, woama sunsd imma senn, sondern in an annern. Mai fasd neia leichda blaua Jaggn hobbi dodd gloun wous scho woa. Ganz oom hobbis hi ghengd ghabd aaf den Baam.

Nach a boar Schdund willi hamm gäi. Vuur der Diir am Baam hengd mei Jaggn etz abba nimma oom, sondern undn, schlaafd scho fasd am Buudn aaf. Abba Hobbla, des is ja goar ned mei Jaggn, des is ja a blaua Männeranoragg, a gans a dinna windicha. Däi andan Jaggn un Mendl sin braun, grau oder beesch. Mei blaua Jaggn is fodd.

Nadierli beschwerimi glei bein Bersonal. Däi homm miich doch gladd gfroochd, obi iiberhabs a Jaggn dabei ghabbd hobb. Asu a Frechheid. Schau Ilch wergli schoo asu bläid aus, odda scho senil? Junge Leid haldn uns Äldere ja suuwisuu fiir aweng bläid, odda nedd?

Iich bin abba gans heflich bliem, obwohli innerlich kochd hobb. Lass mein Noma un mei Delefonnumma dou. Beschdimmd hodd anner mei blaua Jaggn blous aus Vaseeng miidgnumma. Alles werdse aafgleern soongs, wall der Moo, der sein Anoragg dou gloon hodd, werdnen ja aa widda braugn. Ich machmi also affn Weech. Aweng gfruurn hoddsmi scho, abba bis zon Audo woars ja ned weid. Goddseidank hodds aafn Hammweech aaf dera Schdreggn kann Greisvakäa geem, wall des heddma dann an den Dooch no gansagoar ferdi gmachd. Werggli woar.

Iich wadd also aff den Delefonanruf. Der kummd ned, an nächsden Dooch ned, an iibernächsden Dooch un in da Wochn draaf a ned. Däi homm beschdimmd den Zeddel mid meina Delefonnumma verlechd. Iich foar also numoll hii.

Der junga Moo, den woa ich däi Gschichd erzüll, is gans freindli und hilfsbereid. Er delefonierd mid irchadwem und gäid dann naus, kuumd widda, lächeld gans zfriedn und hodd a blaua Jaggn inda Händ.

Iich frei mi gscheid, will scho hilanga, mergg abba in lezdn Momend, dass des goar ned mei Jaggn iss, sondern - Sie homm aafpassd, Sie wissens scho der scheißgrippldinne windiche blaua Männeranoragg, der wou an den Dooch nerblous als einziches blaues Deil an den Baum-Gardobschdenda ghängd is. Miich hodd fasd der Schlooch droffn.

Jedn ders heern will odda a ned, erzüll ich vo meina blaua Jaggn, däi woa wechkumma is. Meina Freindinna soogn, dassa Moo suwos goar ned merggd, wenna as Vaseegn wos Falsch's miidgnumma hodd. Jedenfalls ned, bissa däi Jaggn ned oazäichd. Wall se wärnan ja zu glaa gween.

Mei Jaggn bleibd verschwundn. Obba dann kummdma in Sinn, dass des ja evenduall goar ka Vaseeng woa, sondern Absichd. Irchendanna hodd mei scheena Jaggn miidgnumma, mit Fleiß. Etz bini scho fasd iiberzeichd, dass des asu woar. Des mous a Weibsbild gween sei, däi wo mei Jaggn gschulld hodd. Nadierli, warum binnin dou ned glei draffkumma. Asu mous gween sei.

Wenni in die Schdadd gäi, schaui jeda Fraa nooch, däi wou wos blaus oohodd. Amol hobbi anner Frau fasd ihr blaus Obadeil roogrissn, walli gmand

hobb, es is mei Jaggn. Wäiimi dann endschuldichd hobb un ihr alles ver-
zülld, hodds nachad vo anner Schrofanzeich ba de Bolli abgseeng. Hodd
soogar aweng Midleid mid mir ghadd. Seidden binni a weng vursichdicha
worn un schau nu gnaua hi, wenni a verdächdigs Objegd siech. Mier be-
gechna nerblous no Weiba, junge un alde, däi woa wos blaus oohomm.
Iich bin a andauend undawechs. In alla Herrgoddsfräi gäi ausn Haus, laaf
durch die Schdad wallis widdafindn mechad. Mei fasd neia, dunglblaua, fe-
derleichde Jaggn, midd anna Kabbuzn. Su wohl hobbimi gfühld, wennis
oghabd hobb. Mier homm asu goud zammbassd, däi Jaggn un Ii; jedenfalls
däi boor Wochn woama zamm worn.

Mei Moo dahamm hodds etzala a kabierd. Dassi nerblous no undawechs
bin, nix mehr eikaaf odda koch. Widzla hodda no gmachd am Oofang.
Glachd und bläid dahergredd , warumi ned den blaua Männeranoragg
miidgnumma hobb, den woa anner vagessn hodd. Abba etz lachda nim-
ma. Er driggt ma a Geld ind Hend un maand, iich sollma doch a neia Jaggn
kaafn. Iich will abba ka neia Jaggn; iich will däi, däi woi ghabbd hobb. Es is
ja a ned wechan Geld, des verschäid der ned.

In der Nachd drammsd mer, dass mei Jaggn widda dou iss. Iich schlupf nei.
Se is asu schäi warm, weich und kuschlich. Abba in da Fräi, wenni aafwach
merggi, dassi des nerblous draamd hobb. Greina kenndi, glaambsmes.

Wallma des asu noachgäid, däi Gschichd mid dera blaua Jaggn, däi wou
wechkumma is, hobbi a kann Abbedidd mehr. Abgnumma moui a hoom,
abba freia konnimi ned drieba.

Abba dann anan Dooch, aff amool hobbis doch gseeng. Vuur miir in Kauf-
haus. Dou schdäids däi Zumbfl, däi dreggade, un hodd mei Jaggn oo. Se
mou an mein Bligg gseeng homm, dassi mei Jaggn kennt hobb. Gans gans
sicha bini. Su schnell wors ford, iich hindaher. A gansa Waal douis verfolgn.
Manchmol drehdsesi um, als ob's Angsd hodd. Imma schnella werds, abba
Iich geeb ned aaf. Wemma doch a Bolli endgechakemmad. Dou kenndis

dann verhafdn loun. Wemmas brauchd senns ned dou, däi Doldi. Etz moui doch amol vaschnaufn. Direggd vur an Buchloodn. Die neiasdn Besdsella schdenga dou in Schaufensda. Aaf aan schdaid draaf: „Loslassen. Gewinnen Sie inneren Frieden durch Loslassen". Iich bleib schdäi und miir werds gans anderschd. Is des evenduell a Zeichn? Sollemi damid abfindn, dass mei scheena Jaggn dou vorn davooleffd?

Abba dann, nach an Momend, dengama: Aweng ermli hodds scho ausgschaud, däi Fraa. Abgrissn un verhermd. Vielleichd brauchsd däi Jaggn ja dringenda als wäi iich? Kennd doch sei, odda nedd. Etz iss scho ziemli weid wech, däi Fraa, nerblous no a glanna blaua Punkd. Scheiß draaf, denggama, und dann, nerja issja a ball Weihnachdn. Doasd a gouds Wergg. Dann dräami gans langsam widda um und gäi hamm.

Christa Bellanova

Berta und der Mixer

Meine Nachbarin Berta erzählte mir bei unserem letzten Treffen die Sache mit ihrem Mixer.

„Anner vo meine Quirl vo mein Miggser is hi worn. Naja, ich bagg jaa a vill. Den Daach zamrihrn, des maggsd doch heidzerdooch nimmer mid di Händ. Wäi a den Eischnee fiir meine Pfannakoung – ach wos sooch i denn – fiir die Pfannakoung fiir mein Gerch. Dou mou ba mir a elegdrischer Miggser scho wos aushaldn. Jedenfalls hodd si der anne Quril vo unden her vollschdändich abgriehm, su dasser alle Debf und Schisseln hiigmachd hädd. Dann hobbi mi hald an an Dooch aafgmachd und bin ba der Lorenzkerch in den grooußn Loodn nai, der lauder Zeich fiir die Kichn hodd.

Dou hobbi dann nach meine Quirl fiir mein Miggser gsouchd. Schäi degorierd wors scho in den Gschäfd, blous gsehng und gfunden hosd vuur lauder Blembelkrembl nix. Süsdemadisch binni dann a Regol nachn andern abgloffn.

Obber woarscheinli hobbi in der Eiereggn oogfand. Dou hodd si alles blous um Eier dreht, Eierkocher, Eierleffel, Eierbecher, Eieruhrn, Eierwärmer und nu su a bläids Drum fiir die Eier, wou mer a schwere Kuuchel affn Kuubf vom Gaggala drafgnalln lassen soll. Aff der Baggung is a draffgschdandn wäi des Ding hassd, obber des hobbi schnell widder vergessen, wall ich woar vill zu gschbannd, ob däi in an nächsden Regol villeichd a nu di Henner verkaafn, däi di Eier lehng.

Nach di Gscherr-, Beschdegg- und Servieddenregoler is mer dann doch zu bläid worn und ich hob anne vo di Verkaiferinner gfroochd, wou ich die Quril fir mein Miggser finden konn.

Sachd däi zu miir, ,dou mäins ins andere Haus', obber si woar su freindli und hodd glei nu dazou gsachd, dassi dordn in erschdn Schduug naaf mou, und aff der lingn Seidn es dridde Regol, dou mäisdn meine Quirl fiir mein Miggser sei.

Goud gmaad hoddses ja, blous gschdimmd hodds nedd und ich hobb in den andern Haus nuamol frohng mäin. Endli hobbi dann im zweidn Schduug aff der rechden Saidn im zweidn Regol endli die Quirl fiir main Miggser gfundn – hobbi gmaand.

Zwaa lange Reihe mit Quirl vo alle Herschdeller däisder blous Denggn konnst.

Und walli aweng vill Zeid kabbd hobb, hobbis zähld. Achderdreißg verschiedene Quril und Kneedhogn. Zwaa lange Reiha, mei lieber, dou hosd wos zum Lesn, bisd dai richdigs Bäggla findsd.

Endli hobbi mei Margn gfundn, a aanzicher Kardong mid zwaa Quril vo meiner Miggsermargn is im Regol gschdandn und däi hom gnabb zwanzg Euro kossd. Wäi ich obber däi Verbaggung midd denni Bildler vo di Quirl vom Miggser oogschaud hobb, woar mir zirga ungefähr gans kloar, dass däi zwa klann miggrign Quirl fiir mein Miggser ibberhabds nedd bassn kenner.

Nou hobbi widder a Verkaiferi gsouchd und gfundn und gfrouchd, obbs vielleichd nu andere Bäggler vo den gleichn Herschdeller gibd und doudraff frächd si mich, welche Bezeichnung mei Miggser hodd.

Naja, hobbi gsachd, es is hald a Miggser vo derer Firma, dait aff ans vo di Bäggler hi, und dass iich nu nie irgendwos vo anner Bezeichnung gsehng hobb.

Die Verkaiferi hodd gmaahnd, däi Bezeichnung schdäid affn Mixer draff und wär wichdi, sunsd konns mer ned helfen.

Und dann binni hald widder hamganger und dou hobbi glei aff mein Miggser gschaud. Und wergli, dou ist draffgschandn ‚De Luxe 500'.

Am nexdn Dooch binni widder in den Loodn, en Weech zu die Quirlmiggserverkaiferinne hobbi ja edz scho kennd und hobb gans schdolz derzilld, dass ich an Miggser ,De Luxe 500' hobb.

Di Verkaiferi vo gesdern woar heid nedd dou, obber des andere Frollein woar a rechd nedd.

Hodd allerdings vo mir wissn wolln, ob aff mein Geräd a nu a Ardiggelnummer draffschdäid.

Naa, hobbi zu der gsachd, dou hobbi ja goarnedd danach gsouchd, wall… und dann hodd der ihr Delefon gschelld und wech wors.

Und ich bin a widder ganger. Naja, wos doud mer nedd alles, um an Quirl fir sein Miggser zu kräing. Glei hobbi die Ardiggelnummer gsouchd, gfundn, aafgschriem und am nexdn Dooch woar ich widder drin in den Gschäffd.

Und wider woar a andere Verkaiferi ba di Quirls fir di Miggser zuschdändich. Däi wor dann obber su freindli und hodd an mordsdrimmer Kadalooch affn Diisch gnalld und hodd blädderd und blädderd. Sachds aff amol zu mir: „Tut mir leid gnädige Frau, aber ohne Herstellernummer kann ich die Qurils für Mixer von ihrer Marke nicht finden."

Nimmer gans su freindli hobbi mi verabschied, binn widder ham, hobb a nu die Herschdellernummer gsouchd, gfundn und aafgschriem und midd anner leichdn Schbur vo Woud binni widder nei in den Loodn.

Alles hobbi scho gsehng in dem enger Luuch vo Loodn, fasd jeden Oogschdelldn hobbi middlerwall scho kennd, bis aff däi wou mi heid bedienen wolld und däi frächd mi dann, wäi ald mei Miggser is. Naja hobbi gsachd, so ungefähr fimbferdreißg Joar werder scho sei, obber gäi douder nu einwandfrei, blous der Quirl vo mein Miggser is hi und deswehng brauchi ja an neier.

Und dann is bassierd, wäi däi miich dann a nu nach der Händlernummer und der Gerädenummer frouchd, wall woarscheinli gibbds fir mein Miggser ibberhabbds kanne Quirl mehr, wall a ibberhabdskanner mid „De Luxe 500" in irgendam Miggserkadalog drinschdäid, binni aus dem Loodn grennd, alz wenn der Deifl hinder mir her wär.

Aff der Schrass hobbi erschd amol dief durchgschnaufd, iberlechd, wossi edz als nexdes mach und hobb beschlossn, um meine aafgwühldn Nervn zu beruign, gäi i erschd nu in den Drocheriemargd mit dem Gaul im Nomer. Und wos soller der sohng: däi verkaafn an gands neier Miggser mid Quril und Knedhogn fiir 14,95. Ich hobb nern glei midgnummer und dahamm nu a weng um mein aldn Miggser griena. Obber wäi iich a poar Dooch schbäder in der Zeidung glesn hobb, dass a ich schuld sei soll, wall mir alle zu vill Elegdroschrodd broduziern, hädd ich am libbsdn die Zeidung midn aldn Quril schroddreif gschloong. „

Annette Scheil

Gesundes Leben

Grood hobb i in der Dseidung glesn,
dass a junger Veganer bei seiner däglichn Dschoggingrunde
vo am Audo dodgfohrn worn is.
Grood dswarerdswandsg is er gwesn.
Des hassd, obwohl er suh gsund glebbd hodd,
is er hald doch nedd arch ald worn,
Suh a Bech!

Erich Hübel

Polen

Edsd wor i amohl a Wochn in Polen.
Rendierd si obber eichendlich nedd:
Es is bragdisch wey bei uns derhamm:
An jeder Eggn a Lidl odder a Aldi,
und aff der Audobohn lauder bolnische Lasder.

Erich Hübel

Beweis

Es gibd ja ann Haufn Leid,
die nedd glaam wolln, wos die Wissnschafdler suh verkündn.
Die Denggn eher,
dass mier vo denne und vo die Bollidigger
bloß veroorschd und manibulierd wern solln.
Iech hobb des ja nie suh richdich verschdandn,
obber scheinds wor i do falsch glegn.
Mer hodd edsd nämli Beweise gfundn,
dass der Kolumbus domohls
goor nedd Amerika enddeggd hodd –
die ganse Gschichd' is bloß als Film
in Hollywood drehd worn!

Erich Hübel

Bärndreck

Bärndreck moch ich heit no ned. Schwaz und ziecherd is des Zeich, widerlich siß und so zäh, dass zwischer di Zäh hänga bleibd. Mir grausd's wenn ich blos dro denk.

Obber mei Mudder, die hod an Bärndreck furchbor gern gessen. Die hod si sogor welchn beim Bäcker kaft.

Obber domols wor des no ned so wie heid. Aff jedn Fall, sie hod ned zugebn wolln, dass sie die schwazn Schneggn fer sich selber kaffd und hod zu der Bäckeri immer gsochd, dass sie's fer ihr Dochder, also fer mich, mitnehma däd.

Pfui Deifel, derbei hodt mer mich mit dem Zeich jogn könna. Schmeggn dud des, dass am schlecht wern kennerd.

Also, wisst Ihr, vo wos ich red? Bärndreck? Sochd mer heid nimmer. Obber under dem Noma Lakritz kennts a jeder.

Gmachd werds aus die Worzeln vom Sißholz, drum schmeggts a so benedrand sieß. Wobei – heidzudoch gibd's sogor an Salz-Lakritz. Des hod's in meiner Kindheid no ned gem.

In dem Film „Goldrausch" hod der Charlie Chaplin seine Schuh midsamds die Schuhbändel verschbeisd. Des wor natirli bloss mechli, wall's die aus Lakritz gmachd ghabt hom.

Worum des Bärndreck g'haßn hod? Wall do hod's in Nemberch, gnau g'sachd in St. Leonhard, a Sißwarenfabrik gebm. Der Besitzer hod Karl Bär g'haßn. Zugger-Bär homs g'sochd zu dem. Der hod alle mechlichn Padende aff Sißigkeiden ghobd und vo 1913 bis 1974 ganz underschiedlichs Zuggerzeich hergstelld. Bärndreck hat er a gmachd, als Bastilln, als Brezn, als Daler, als Schneggn, als bunds Konfekd und wos waas ich als wos no allers.

So, etza bin ich widder bei meiner Mudder. Die hod immer die Schneggn gwolld. Als ich a Kind gwesn bin wor des beim Bäcker so wie heid no beim Metzger, wo die Verkeiferi frochd: „Mogsd a Gelbworschd?" Und sie hod die labberiche Worschdscheibn scho in der Händ, egal wos des Kind draf sochd.

Mei Mudder hod mich gschickd, dass ich a Brod kaaf fers Omdessen. Ich verlang also des Brod, nimm's, zohl's, und dann bassierd's. Alle andern Kinder hod die Bäckeri a Glos highaldn mid alle mechlichn underschiedlichn Sißichkeiden drin und di hom si wos raussung derfn. Bloss mir ned. Bei mir hod's selber in des Glos neiglangt und a Lakritz-Schneggn rauszogn. Die hod's mer highaldn und gsochd: „Do, fer dich!" Und wenn ich ned glei higlangd hob, wall ich's ja ned gmechd hob, dann hod's no gsochd: „Derfsd scho nemma. Ich waas doch vo deiner Mudder wie gern du des mogsd." Do hob ich mich natierli ned draud zu sogn, dass ich kan Bärndreck ned moch. Ich hob „danke" gsochd, an Kniggs gmachd, des wor domols so üblich, und hob die Bärndreck-Schneggn in die Brod-Diedn gschmissn. Fer mei Mudder. Und hob mi gscheid gärcherd, wall ich viel lieber an Kaugummi odder Gummibärli ghabd häd. Jedsmol hob ich mer vorgnumma, dass ich is nächste Mol soch, dass ich an Dubble-Bubble will, mid dem mer bsonders scheene Blosn hod machen kenna. Obber ich hob mi ni draud. Jedsmol is gleiche, ganz mudich bin ich nei in den Lodn, desmol soch ich's und dann bin ich doch widder mid anner Bärndreck-Schneggn rauskumma.

Des ging solang bis mei Mudder gstorbn is, do wor ich 12. Obber stadd dass ich's edz gsochd hädd, hob ich als aso weider gmachd. Bis ich 15 wor hob ich vo der Bäckeri jedsmol beim eikafn an Bärndreck griechd. Ich hob nern gnumma und „danke" gsochd. Derhamm hob ich'n dann wechgschmissn. Manchmol hob ich'n a gessn, obwohl's mi gschüddeld hod. Und egal ob ich'n wechgschmissn oder gessn hob, jedsmol sin mer die Dräna runder gloffn, wall i hald an mei Mudder hob denkn missn.

Margit Begiebing

Veganes Reiten

Kennen Sie diesen Begriff? Veganes Reiten? Vom Zeitgeist beseelte Menschen bezeichnen so seit neuestem das Radfahren mit all seinen modernen Erscheinungsformen. Manche nennen es auch „akkumulatorengestützte Fortbewegung auf zwei Rädern bei gleichzeitiger Unterstützung durch gesundheitsfördernde Hilfs-Mechanik". Aha. Gemeint ist natürlich das E-Bike. Jaaa, ich gebe es zu, ich habe mir auch so ein Ding zugelegt. Warum? Ich hab jetzt keine Angst mehr vor einem Berg. Und ich fahre mehr, öfter und weiter als nur mit der eigenen Muskelkraft, also so wie früher. Überhaupt früher. Ja, da wurde ich manchmal gefragt, warum ich beim Radfahren eine rote Krawatte trage. Das war keine Krawatte! Mensch! Das war meine Zunge, die da raushing!

Heute ist das alles anders. Erst neulich bin ich von meinem Wohnort in Katzwang die acht Kilometer bis Schwabach ohne Unterbrechung durchgefahren. Vor allem ohne Übernachtung!

Natürlich weiß ich, dass früher alles anders war. Auch beim Radeln. Drei Gänge waren Standard. Später hat man fünf oder gar sieben Gänge als Luxus bezeichnet. Als Biker-Freak weiß man heute natürlich, dass 27 Gänge nix mit einem Gourmet-Menue im Restaurant zu tun haben. Gut eingestellte Felgenbremsen haben früher gute Dienste getan. Kommt man heute ohne Scheibenbremsen daher, gibt's bestenfalls mitleidiges Lächeln, schlimmstenfalls verständnisloses Kopfschütteln über so viel Ignoranz des technischen Fortschritts.

Der für die Beleuchtung zuständige Dynamo am Vorderrad war der Ökostrom meiner Jugend. Und der heutige E-Motor war die Muskelkraft von damals. Heute sieht die technische Ausstattung anders aus. Karbon-Rahmen ist wichtig, ein ergonomisch geformter Lenker auch, der Sattel muss für den verlängerten Rücken gefälligst gesäßfreundlich geformt sein. Für die Herren ist hier die sog. „Hodenmulde" (anerkannter Fachterminus) wichtig. Na klar, früher taten Oberschenkel und Waden weh, heute wegen viel mehr gefahrener Kilometer der Hintern. Die Wundsalbe wegen zu erwartendem Paviangesäß gehört also mittlerweile zur Standard-Ausrüstung für unterwegs.

Nun zur sichtbaren Erscheinungsform: Vor allem manche der hochbetagten aber jetzt sehr schnellen Freunde des Veloziped verursachen so manchen optischen Schock. Der selten passende Fahrradhelm kaschiert die friedhofsblonde Frisur. (Manche Leser stören sich an der Haarfarbe „friedhofsblond", also grau. Hier eine vielleicht akzeptable Alternative: „landratsamtmetallic". OK?) Ganz eingefleischte Helm-Überzeugungstäter erkennt man im Übrigen daran, dass sie auch beim Einkaufen im Supermarkt diese Streifenhörnchenkappe nicht abnehmen.

Und dann: Selbst stark adipöse „Sportler" zwängen sich in viel zu kleine und zu enge Funktionskleidung, und das auch noch mit Überzeugung. Die in Franken unter Kumpels weitverbreitete Grußformel „Servus, du alde Woschdhaud" bekommt hier eine völlig neue Bedeutung. Also optisch.

Auch der Wortlaut hat sich angepasst. Es gibt mittlerweile im Sprachgebrauch der Radler fest verankerte Erkenntnisse und Lebensweisheiten, die es in sich haben. Hier ein paar wenige:

Rote Ampeln haben für mich lediglich Empfehlungscharakter.

Wir trampeln nicht, wir pedalieren.

Guter Rat ist teuer. Gutes Rad auch.

Keine Gnade für die Wade.

Für eine Abkürzung ist mir kein Umweg zu weit.

Hier fließt kein Schweiß, hier weinen Muskeln.

Wenn ich Rad fahre, schimpfe ich auf die Autofahrer. Jaaa, umgekehrt auch. Ist ja gut.

Ein Biker stürzt nicht, er geht kontrolliert vom Gerät ab. Ein guter Abgang ziert die Übung.

Hier die zwei großen Lügen des Radsports:

1. Nur noch ein Anstieg, dann sind wir da.
2. Wir fahren heute ganz gemütlich.

Apropos Wortlaut: Was ist der Unterschied zwischen Fahrrad fahren und Rad fahren? Als „Radfahrer" bezeichnet man – vor allem im Berufsleben – Menschen, die sich bei ihren Chefs so richtig einschleimen, die andere Kollegen anschwärzen und sich so auf deren Kosten profilieren wollen. Die bekommen dann übrigens vom Rest der Kollegen das Prädikat des imaginären „Goldenen Lenkers" verliehen.

Aber zurück zur angewandten Praxis. Wir waren mit unserer Radlergruppe im Wald unterwegs. Auf der Strecke lag ein PKW-Parkplatz. Da schallt uns recht laut folgender Ruf entgegen: „Das sind mir schon die Richtigen! Mit Elektromotor! Geht's noch fauler?" Derjenige, der da gerufen hat, saß neben seinem offenen Kofferraum auf einem Campingstuhl, vor sich ein kleines Tischchen mit zwei Bierflaschen darauf. Ich hab ihn dann gefragt, ob ich mein erstes Magengeschwür nach ihm benennen darf, ob bei ihm die Evolution gerade eine Zwangspause eingelegt hat und ob er intellektuell immer so konsequent desorientiert sei. Hat er alles nicht verstanden.

Das ist genau einer jener Typen, der zwar glaubt, sich ein Elektrofahrrad leisten zu können, aber Angst hat, dass das 40 km lange Verlängerungskabel recht teucr wird. Na ja.

Und jetzt wird es Zeit für einen der ältesten Fahrrad-Späße:

Der eine Nachbar sagt zum anderen: „Wie geht denn dein neues Fahrrad?" Darauf der andere Nachbar laut und belehrend: „Des geht net, des fährt!". Nachbar 1: „Also gut – wie fährt denn dein neues Fahrrad?" Nachbar 2: „Es geht!"

Zum Schluss hier mein favorisierter Fahrrad-Joke: Die extremste Erscheinungsform des Radlers:

Der Großstadt-Kamikaze, also der Fahrradkurier. Er wird in der 30-er Zone mit 45 km/h geblitzt. Der Polizist fragt: „Wie heißen sie?" Der Radler: „Oschtrowski-Pschibilowitschka." Der Polizist: „Oh, wie schreibt man das?" Darauf der Radler: „Mit Bindestrich." BINGO!

Dazu eine kleine Anmerkung meinerseits:

Würde ich je auf dem Fahrrad wegen Überschreitung der Höchstgeschwindigkeit geblitzt werden, würde ich ganz stolz vom Beweisfoto ein riesiges Poster anfertigen lassen … Wirklich!

Und hier noch auf wirklich ganz besonderen und gleichzeitig vielfachen Wunsch der „Gruftie-Fraktion" die berühmte und berüchtigte Vampyr-Geschichte. Ich weiß immer noch nicht, ob das jetzt anarchistischer oder dadaistischer Humor ist – aber egal. Hier die Story:

Ein Vampyr fährt in seinem Auto die Straße entlang. Plötzlich bekommt er unbändigen Blutdurst. In diesem Moment sieht er zwei Radfahrer auf dem Radweg neben sich. Sofort haut er die Bremse rein, hält an, steigt aus, stürmt auf die beiden Radler zu, reißt sie um und saugt durch einen Biß in den Hals alle beiden aus - bis auf den letzten Tropfen Blut.

Ganz benommen von dem Blutrausch steigt er wieder ins Auto und fährt weiter und zwar etwas in Schlangenlinien. Da wird er von der Polizei aufgehalten. Der Polizist fragt: „Sie sin aweng Schlangenlinien gfohrn. Wos hom denn sie heit scho drungkn?"

Darauf der Vampyr: „Zwaa Radler!"

Jürgen Leuchauer

geschbensdisches

de doud vo forchheim
dem daifl sai broude

de knochnmoo vo de friedhofsmaue
und di bläid graue vo buxdehude

wenn däi allzamm deheerkumme

brauchsd du di
nimme veschdeggn

Walter Tausendpfund

Biergartenmephisto

Georg Galster hatte sein Mittagessen beendet und begab sich vom Speise-saal in sein Zimmer. Ja, auch heute war wieder ein strahlender Sommer-tag. Natürlich kostete es ihm jedes Mal etwas Überwindung aus der Kühle seines Zimmers im Altenheim in die drückende Hitze hinauszugehen; der Jüngste war er ja nicht mehr mit seinen 78 Jahren. Trotzdem: Frische Luft und ein bisschen Bewegung musste sein – sagte auch seine Ärztin. Und er hatte ja auch ein Ziel. Noch war es aber zu früh. Also legte sich Georg so, wie er war, auf sein Bett und hielt seinen Mittagsschlaf.

Nach einer Stunde stand er auf, trat an sein Bücherregal. Immer nahm er etwas zu lesen mit. Zur Zeit las er Thomas Manns „Doktor Faustus". Keine leichte Lektüre. Er packte das Buch in seinen Leinenbeutel – das Taschen-schach nahm er sowieso nie heraus - setzte seine Schirmmütze auf und ver-ließ das Altenheim in Burgfarrnbach.

Zur gleichen Zeit sagte Friedrich Dürrbeck zu seiner Frau in ihrer Wohnung an der Würzburger Straße:

„Iich gäih nu äweng naus. Mochsd mied?" Eher eine rhetorische Frage.
Die Antwort kannte er schon.

„Bei der Hidz? Du wassd doch genau, dass iich bei suern Wedder ned naus gäih. Gäihner allaans. Wann kummsdn widder?"

„No, su in zwaa Schdund."

„Triffsdi widder middn Gerch?"

„Ausgemachd hommer nix."

Gerch saß bereits auf einer Bierbank im „Obstgärtla". Vor ihm ein Glas fri-sches Landbier. Er liebte diesen Biergarten mit seinen Obstbäumen, die angenehmen Schatten spendeten. Er liebte dessen Weitläufigkeit, die Betriebsamkeit ohne Hektik. Vor allem aber liebte er es da zu sitzen, ein Buch zu lesen und um ihn herum die unaufdringlichen Biergartengeräusche: das Scharren der Füße im Kies, das Gemurmel der Unterhaltungen ringsum, das gelegentliche Klingen der Biergläser.

Georg langte in seine Tasche und nahm den „Doktor Faustus" heraus. Natürlich wusste er, dass er, wenn er am Biertisch in einem Buch las, gewissermaßen ein Exot war und einen unnahbaren Eindruck verbreitete. Aber er unterhielt sich auch nicht gern mit jedem.

In diesem Augenblick tauchte Friedrich Dürrbeck am Eingang des „Obstgärtla" auf und sah suchend in die Runde. Da entdeckte er Georg, der ihm winkte. Friedrich freute sich. Der Gesprächigste war Georg ja nicht gerade, aber sie kannten sich ja schon ewig und da gab es ja auch noch das Spiel. Kaum hatte sich Friedrich sein Bier geholt und Georg gegenüber Platz genommen, steckte dieser sein Buch in die Tasche, zog das Schach heraus und sagte: „Wollmer?"

Die beiden saßen sich gegenüber, die Ellenbogen aufgestützt, das Schachbrett vor sich. Profischachspieler waren sie beide nicht. Sie spielten eher intuitiv, ohne große Kenntnis von Eröffnungszügen oder Endspielvarianten.

„Wie gäidsn deiner Fraa?", fragte Georg und zog den Königsbauern.

„Passd scho. Sie gäihd hald ned gern ausm Haus, bei der Hidz. Der Kreislauf hald, wassd scho."

„Noja, kommer a verschdäih", meinte Georg.

Man trank sich zu und spielte ein paar Züge.

Da trat ein Herr an ihren Tisch - lang, dürr, auffallend sein kurzes, schwarzglänzendes Haar. Er war etwa in ihrem Alter und hatte ein Weizenbierglas in der Hand:

„Is nu frei?"

„Freili", sagte Friedrich.

Georg fand es schon seltsam, dass er sich ausgerechnet zu ihnen setzen wollte, wo doch so viel frei war.

Schon setzte sich der Fremde neben Friedrich, beugte sich von der Seite über das Schachbrett:

„Indressand", kommentierte er. „Ich bin übrigens der Hans."

Man stellte sich vor. Im Biergarten genügten die Vornamen völlig.

Georg war am Zug. Er nahm seinen Läufer in die Hand.

„Hm", brummte Hans gegenüber.

Georg schaute ihn an. Er saß mit zusammengekniffenen Augen da und sah starr auf das Brett. Georg wurde unsicher. Er setze den Läufer zurück und nahm einen Bauern. Besser den opfern, würde seine Stellung wahrscheinlich verbessern. „Berührd, gführd", ließ sich Hans vernehmen.

„Mir nehmer des ned su genau", sprang ihm Friedrich bei.

Georg zog den Bauern, Hans stieß Friedrich mit dem Ellenbogen in die Seite. Sollte wohl unauffällig sein, er hatte es aber bemerkt. Spielte er jetzt gegen zwei? Friedrich blickte fragend zu seinem Nachbarn. Er nahm seinen Springer in die Hand. Er zögerte etwas. Sah da Georg nicht ein leichtes, kaum wahrnehmbares Nicken bei Hans? Friedrich schlug seinen Bauern. Mit dem Springer. Nicht mit dem Läufer, wie Georg gerechnet hatte. Den Springer hatte er glatt übersehen.

Georg nahm einen Schluck, die anderen tat es ihm gleich und Hans sagte: „Prostada."

Dieses Geschwätz konnte Georg schon gar nicht leiden. Er beugte sich wieder über das Brett und versuchte dabei Hans aus den Augenwinkeln zu beobachten. Der Springer konnte gefährlich werden. Er nahm die Dame in die Hand, blinzelte nach Hans. Der verzog keine Miene.

„Warum lass iich mich eigendli vo dem dou nervös machn? Der konnmi mol!", dachte Georg und führte seine Dame diagonal.

Hans zog seine Mundwinkel entsetzt nach unten. „Des wird edz obber gfährli!" rief er aus.

Georg fühlte eine dumpfe Wut in sich hochsteigen. Was glaubte dieser arrogante Fatzke denn? Was mischte er sich hier ein? Am liebsten hätte er geschrien: „Hald dei bläids Maul!" Er tat es nicht. Man tat so etwas nicht.

Er sah nach seinem Freund Friedrich. Der fixierte nachdenklich das Brett. Stützte mit einem Arm den Kopf und strich dabei mit dem Zeigefinger in langsamem Rhythmus über die Stirn. Denkergeste. Und schielte er nicht wieder nach rechts? Hans saß mit verschränkten Armen scheinbar unbeteiligt da. Da! Deutete der nicht verstohlen mit einem Finger, verdeckt durch den linken Ellenbogen auf Friedrichs Springer? So war das. Sein alter Freund Friedrich! Einer kam daher und Friedrich dachte nur an den eigenen Vorteil. Gegen ihn! Georg hasste ihn in diesem Augenblick dafür. Und Hans? Der wiegte nun bedächtig den Kopf hin und her. Kam der sich wichtig vor!

Da sah Georg die Wespe. Sie hatte sich auf den Rand von Friedrichs Glas gesetzt und war dabei, ins Innere zu klettern. Georg rumpelte von der Bank auf, rief: „Vorsichd, ä Wesbn in deim Gloos!" und stieß dabei gegen den Tisch.

Die Figuren auf dem Schachbrett fielen durcheinander.

„Ja bass doch aaf, du Debb!", rief Friedrich spontan. „Jedzerd is des scheene Schbühl hi. Des hossd du doch mid Fleiß gmachd!"

„Ja schbinnsd edz? Sei doch froh, dass iich dich gwarnd hob und du ned vo der Wesbn gschdochn worn bisd. Is ja saugfährli, kommer droo derschdiggn."

„So ä Gschmarri! Iich hob ja gorned dringn wolln. Woss sachsd edz du dou derzou, Hans?"

Der blieb ganz ruhig: „Iich konn fei die Schdellung widder nochschdelln, hobbi alles im Kubf", bot er sich an.

„Also dou draaf mecherd iich mich ned verlassn", erwiderte Georg schnell.

„Des is obber schodd. Schwarz war ganz schäih im Vordeil", sagte Hans. Georg hatte Schwarz - er hätte den anderen erwürgen mögen.

Schnell räumte er das Schachspiel zusammen und legte es auf die Bank. Friedrich nahm einen tiefen Schluck aus seinem Glas und ließ seinen Blick demonstrativ über den Biergarten schweifen.

„Iich glabb, iich ziech ä Häusler weider," meinte Hans nach einer kleinen Weile, stand auf und setzt sich drei Tische weiter zu zwei Pärchen, die dort Schafkopf spielten.

Das Gespräch der beiden Freunde kam nicht mehr recht in Gang.

„Drink mer nu ä Halbe?" fragte Georg schließlich.

„Iich glaab, iich gäih läiber ham", lehnte Friedrich ab. Sie brachten ihre Gläser weg und gingen. Das Taschenschach lag noch immer auf der Bierbank.

Als sie das Obstgärtla verließen, drehte sich Georg noch einmal um. Da sah er, dass am Schafkopftisch offensichtlich ein heftiger Streit im Gange war. Hans erhob sich gerade, sein Glas in der Hand, und ging zielstrebig auf einen anderen Tisch in der Nähe zu.

Georg bemerkte, dass er hinkte.

Norbert Autenrieth

Där Misdär Heid und där Dogdär Dschägill
Oddär:
Ann däi Möglichkeid hoadd där Robärd Luis
Schdivensn nedd dengkd

Där bäise Dogdär Dschägil
hoadd heid Nachd
zwaa Leid ummbrachd.

Ärschnds
sich selbär,
und zweidns,

und dess doud-mär
amm masdn leid,
omdrei anuu
denn goudn Misdär Heid.

Friedrich Ach

Midernauder gäihd alles besser

„Es ist nicht gut, dass der Mensch allein sei!" heißt es schon in der Bibel. Wenn ein Franke eine Dorfwirtschaft betritt, in der an jedem Tisch ein oder zwei Personen sitzen, sagte er zu seiner Begleiterin: „Gemmer widder, dou is alles vull." Oder ist es doch nur ein Vorurteil, dass der Franke vorsichtig ist, was den allzu spontanen Umgang mit Zeitgenossen betrifft und es doch bisweilen länger dauert, bis er „auftaut", dann sich aber umso herzlicher um sein Gegenüber bemüht? Lassen wir es dahingestellt.

Jedenfalls kommt auch der Franke um die Liebe nicht herum und will es auch nicht, denn die Liebe ist eine Himmelsmacht. Wenn sie sich gelegentlich auch in eheliche Abgründe zu verlieren scheint, Missverständnisse und sogar Boshaftigkeiten nicht immer auszuschließen sind. Ja, der Honeymoon dauert selten ein Leben lang. Um Franz Kafka zu zitieren: *„Die Liebe ist so unproblematisch wie ein Fahrzeug. Problematisch sind nur die Lenker, die Fahrgäste und die Straße."*

Trotzdem: Ohne Liebe geht es nicht, vor allem dann, wenn ein kleines „Waggala" erwünscht ist. Nicht immer sind diese putzig und liebenswert, manchmal auch ganz schön nervig und verblüffen dann und wann durch frühreife Anwandlungen, die Liebe betreffend oder was ein Heranwachsender so davon hält. Verliert sich das mit dem Alter – die Liebe und alles was dazugehört? Albert Einstein ist da eher skeptisch: *„Am Anfang gehören alle Gedanken der Liebe, später gehört dann alle Liebe den Gedanken."* Da sollte man doch einmal einen Rentner zu Wort kommen lassen. Das kann dann so oder so ausgehen. Jedenfalls ist es nicht erstrebenswert, wenn sich das „Miteinander" mit dem Blick aus dem Fenster auf die Nachbarin gegenüber beschränkt.

Bidd schöö...   # Liebe

Bidd schöö...

schimbf wäi imme,
schlooch di Diier zou,
zäich e Gsichd...

Bidd schöö...

fledsch di Zääh,
vesalz di Subbn,
buds, wenn's de gfalld,
schald di Schbordschau aus...

Bidd schöö...

sai suu wäi imme,
sunsd maan ich,
du mogsd mi nimme!

Bidd schöö

iich mooch di
so wäisd bisd
grood wäi iich diich hom koo

...su bassd's

und wensd emool
nimme soo bisd
wäi iich diich hom koo

...dann koosd mii

Walter Tausendpfund

Walter Tausendpfund

Woss midernander

Mann und Frau beim Kaffetrinken. Sie legt gerade die Zeitung, in der sie gelesen hat, weg.

Sie: Woss wollmern heid ohmd machn?

Er (erstaunt): Wieso. Woss sollmer denn machn? Kummd nix im fernseeng?

Sie: Iich hobb mer dengd, mir kennerden mool widder woss midernander machn.

Er: Kummd wohl nix gscheids im fernseeng?

Sie. Fernseeng, fernseeng. Immer fernseeng. Iich wass ned. Iich hobb mer dengd, mir kennerden mool woss anders machen. Wäi fräiher. Midernander woss.

Er. Woss anders? Ja woss denn?

Sie: No, mir kennerden ja ämool fordgäih midernander.

Er: Maansd. Ja wouhi no?

Sie: Ins kino vielleichd. Dou woarmer scho ewich nimmer.

Er: Noja. Wennsd maansd. Wou kummdn woss?

Sie: Iich hobb scho noochgschaud. Im Babylon kummd „Am Ende ein Fest". Des dädi gern seng.

Er: Um woss gäihds denn dou?

Sie: Um schderbehilfe.

Er: Um schderbehilfe? Des is ned dei ernsd. Iich gäih doch ned ins kino und schau mer suer zeich oo. Wenni scho ins kino mou, dann mächdi woss zu lachn homm. Sundsd konni ja glei derhamm bleim.

Sie: Mein godd. Bisd du brimidiv. Außerdem is des ned su drauri als wäi du dengsd. Dou, dou schdäihds in der beschreibung.

Liest aus der Zeitung vor:

„Mit einer gesunden Portion schwarzen Humors packt der Film Themen wie Sterbehilfe und den Umgang mit alten Menschen an."

Hossd ghärd? Humor! Dou gibbds a woss zu lachn.

> *Er: Heer blous aaf! Ich gäih doch ned wecher scheindode daddergreis und alde weiber ins kino und zoohl nu a haafn geld derfier. Ald binni selber und ä alde frau hobbi a derhamm. Woar edz blous ä schbass, frau. Obber dou gäihi ned hi.*

Sie: Iich wass scho. Blous ned der realidäd ins aug schauer. Weil vielleichd hädd mer vo den film aa woss lerner kenner. Wäimer im alder zrechkummd, zum beischbiel. Blous ned noochDenggn, wäi des ämool sei kennerd, wemmer ald is.

> *Er: Mein Godd! Mir sin doch scho ald. Suer film zäichd mi doch blous nunder. Des brauchi wergli ned. Und es kummd suwiesu, wäis kummd. Und massdens andersch, als wäi mer dengd. Dou schausder suern film oo und dengsder dann: Su machis aa. Und dann gäihsd ausm kino naus und der schlooch driffd di. Dann woar der ganze film fier di kadz.*

Sie: Ä suer gschmarri. Der schlooch konndi doch immer dreffn. Des is widder ä argumend. Blous weilsd mid mir ned ins kino willsd.

> *Er: Des hobbi doch ned gsachd. Blous in suern langweilin film willi ned. Gibbds nix andersch?*

Sie: Di andern brauchi dir goarned vuuhrschloong. Dou gäihsd du erschd rechd ned nei.

> *Er: Ja dann.*

Pause. Er nimmt die Zeitung

Sie: Mir kennerden ja aa woss ganz anders machn. Iich wisserd scho woss. Obber dou heeri ja glei widder ä gschraa.

Er: Als wenni nie woss miidmachn däd! Edz sooch scho.

Legt Zeitung weg

Sie: Mir kennerden ämool ins „Neue Museum" gäih. Dou woarmer nu nie.

Er: Weil des fier diich am ohmd offen hodd!

Sie: Freili. Am donnersdooch hodds bis achder ohmd offn. Und heid is donnersdooch. Dou häddmer nu zeid gnuuch, wemmer edz gänger.

Er: Wecher däi zwaa schdund sollmer edz ä hedzerei machn. Dou wär doch ä sunndoch nachmidooch vühl gscheider. Maansd ned?

Sie: Des kenni scho. Und wenni dann sooch, gengermer heid, dann hassds: Du wassd doch, dass der glubb heid schbühld. Odder es is sunsd woss.

Er: Noja, wenn iich zum glubb gäih, kennersd du ja ins neie museum. Dou hädd jeder woss.

Sie: Iich hobb mer hald dengd, mir machdn endli widder mool woos midernander. Ned jeder allaans.

Er: Ja, ann mir lichds ned. Also, woss machmer?

Sie: Du lehnsd ja eh alles ab, woss iich vuurschlooch. Und selber machsd ja nie än vuurschlooch.

Er: Edz is ja aa fassd zu schbäd. Wou willsdn edz nu hi. Iich kenn des doch. Bis du di ferdi gmachd hossd, rendierd si des ja nimmer. Obber: Mir kennerden ja äweng rommé schbühl mideinander, des hommer scho lang nimmer gmachd. Woss maansd? Des is doch ä woss midernander und mir mäin ned ford.

Sie (resigniert): *Noja, dann schbühln mer hald.*

Er: Iich hull di kardn. Mach scho äweil in fernseher oo.

Norbert Autenrieth

Der Huud

Fleißi woorns di Eheleit
bloß min Glück wors nidd recht weit
zäschd doo hadd dä Schdoodl brennd
dann hadsi nu a Kuh därennd

Di Klauasaich wor drin bam Viech
mit di Nachbänn änns im Griech
gschboord hams um a Schdiggla Brood
ollzuhefdi woor di Nood

Ollzwaa hams gschuffd in ganzn Dooch
ohne Jammern, ohne Glooch
doodmied sänns Oomd im Bett drin gleeng
greena Zweich hams kanni gsehng

Olläs wor hold nämmä schee
doch dann hadd dä Bauer a Idee
er maand su seinä Fraa schbondan
wassd du woss ich edza maan…

In 14 Dooch Oomd nachn Schdoll
held di Feierwehr ihrn Faschingsboll
di Leit soong oll, doo is su schee
Fraa, doo messmä a hii geh

Obbä Moo, maand sie, du reddsdi leichd
ihrn oldn Huud hadds ihm dann zeichd
der is zälumbd und is zädälld
ich glaab, dass der dess nidd ausheld

Di Franzn henga seidli roo
doo schaua aan di Leit bloß o
ich wass ich tu mi rechd leichd waafn
…meechäsdmä kan naia kaafn

Wenns saa muss, maand dä Bauer glei
fohri hold ins Schdädla nai
dodd schaui nach an naia Huud
und dann wässd seeng, wädd olläs guud

Zwaa Dooch woorn dann zeidi rum
schdähd dä Bauer vor dä Schdumm
di Baiäri maand vullä Freid
es is fei ollerhächsda Zeit…

Deedn schnell nu gäärn brobiern
dänooch dann kemmä losmaschiern
doo wänn di Leit vu Neid erblassn
edz messäd bloos dä Hut nu bassn

Ich kann dä soong, woor des a Gscheiß
maand dä Bauer drauf ganz leis
In olli Gschäfde woori drin
dassi suu a Hüdla finn

Dann hobbi dengd, mei lieba Fraa
dess min kaafn lässi saa
…vu olli Hüd, hams nu su glänzd
wor dei olda doch dä olläschänsd

Fritz Stiegler

In der Werdschafd

Sunndogs gengas immer zum Essn. Zweide Schichd. Die erschde Schichd gehd von zwölfa bis aans. Die zweide vo aans bis... noja, do konn mer hald hoggn bleim und in Ruh sei Bier ausdringn.

Also gänga die Rosa und Gerd heid in ihr Bauernwerdschafd, wo's sunndogs immer hi genga. Die Rosa had si ihr Blimlers-Bliesla ozogn. Der Gerd, ja, scho a a gude Hosn und a saubers Hemerd.

„Is do no frei?" Die Rosa ward die Andword gor ned ab. Sie schiebd si hinder af die Bänk, der Gerd sedzd si gecherieber voerer hi.

„Do homs scho amol die Schbeiskardn!" Die Kellneri hads eilich und haud na a Kardn hi dass nur so schebberd. Der Gerd hebd die rechde Händ, will ganz schnell sei Bierla bschdelln obber do is sie scho wech. Also schnabbd er si die Kardn.

„So a scheens Wedder heid, gell", wend si zwischenzeidlich die Rosa an die Dischnachbern. Derbei schiegelds aff dera ihre Deller. A Schweinsbrodn wie der Moo an had, ja, des wär wos, dengd se sich. Odder an Karpfn wie die Fra? Naa, an Karpfn ned.

Des Eheboor niggd, sogn kenner's nix wall's ja kaua missn.

Der Gerd blädderd hi und her. Endschiedn had er si no ned.

„Wos nimmsd nern du?" frochd die Rosa und schbidzd nieber iebern Disch in die Kardn, die obber fer sie falschrum liechd.

„Ich glaab Brodwärschd."

„Brodwärschd? Ja sbinnsd nern du edz dodol? Brodwärschd, des is doch ka Sunndogs-Essen. Bschdell der hald wos Gscheids. Wie wär's nern mid anner Rouladn? Naa, a Rouladn bschdelldsd der ned, die will ich am Diensdoch machn. Nemmsd hald wos andersch. An Sauerbrodn, wos häldst nern vo am Sauerbrodn. Oder a Endn. A halberde Endn gibds beschdimmd a."

„Moch ich heid alles ned."

„Wieso? Endn mogsd doch sunsd immer."

„Heid ned. Heid mecherd ich wos mid am Graud."

„Gibds außer Brodwärschd nix mid am Graud? Soll ich amol die Bedienung frogn?"

„Naa, des braugsd ned. Ich nemm die Brodwärschd."

Die Rosa endschuldichd si bei die Dischnachbern. „Also, heid is mei Mo ganz siererd auf Brodwärschd. Derbei gibds doch vill bessere Sachn. Schnidzl zum Beischbiel, a Schnidzl kennerd er si doch bschdelln." Sie drehd den Kopf. „Gerd, wos häldsd'n vo am Schnidzl?"

„Ich nemm die Brodwärschd."

Rosa wend si widder zu dem Eheboor: „Do seng Sie's selber. So gehd des in ganzn Dooch. Der lässd si einfach nix sogn. Noja, wem ned zu rodn is dem is a ned zu helfn, had mei Mudder immer gsochd." Sie zuggd die Axeln. „Mir konn's worschd sei wos du issd", des gehd widder an Gerd.

Der maand nooch am kurzn Seidnblick zu dem Eheboor, dass er si endschuldign muss. „Ich hob hald heid an Glusderer auf a Sauergraud. Is des so schlimm? Derf mer Sunndogs kann Glusderer hom? Bloss wall Sunndoch is?"

Gerd versuchd die Kellneri auf sich aufmergsam zu machen. „Scho guud. Ich kumm glei. An Momend dauerds no!" Dodermid is sie scho widder verbeigrennd.

„Soll ich frogn obsd zu am vo die andern Essn vielleichd a Graud hom konnsd? Worum soll nern des ned geh? Obs etz an Salod derzu hischdelln oder a Graud is doch eichendlich worschd." Die Rosa machd an ledzdn Versuch.

Obber der Gerd schüddld in Kopf. „Edz lass' hald. Wenn ich's wollerd kennerd ich doch selber frogn."

„So, edza bin ich ganz fer Sie do!" Die Bedienung had an Block und an Stifd in der Hend. Frogend schaud's die Rosa o. Obber es is der Gerd der als Erschder bschelld: „Ich griech a dungels Weizen und Brodwärschd mid Graud."

„A dungels Weizen, amol Brodwärschd. Und Sie?"

„Ich, ich…„ Rosa blädderd wie verrickt in der Schbeiskardn.

„Also, wos derf ich Ihna bringa?" Die Ungeduld in der Schdimm vo der Kellneri is ned zum ieberhärn.

„Ich hob bis etz ka Zeid ghabd in die Kardn zum Schaua. Ich wass no ned."

„Soll ich schbäder no amol verbei kumma?"

„Naa, bleim's do. Ich nemm… ich nemm des Gleiche wie mei Mo. Sunsd grieng mir ja nie wos zum Essn."

Die Kellneri niggt und macht vier Strich auf ihrm Blogg, zwa hinder is Bier und zwa hinder die Brodwärschd. Zagg, scho liechd der Zeddel auf'm Dresn.

Die Rosa haud die Schbeiskardn voller Wud affn Disch und wirfd an mordlüsderna Blick zu ihrm Gerd.

„Eichendli hob ich wos ganz andersch gwolld. Obber du Doldi bringsd mi immer dodol aus'm Konzebt".

Margit Begiebing

Banaaner – ä eheboor beim eikaafn

Dou schau hi! Di banaaner sin heid widder billich! Na, däi nimmsd edz ned! Kummd nichd in frooch! Weil iich mous ja doch blous widder wechschmeissn. No freili! Vur zwaa wochn hobbi exdra fier diich banaaner miednummer und vur zwaa doch hobbis wechgschmissn, weilsders du ned gessn hossd! Dou mecherdmer dir ä freid machn, und woss is dann? Dann moumers wechschmeissn.

Woss hassd dou, wennsders in keller leechsd? Banaaner leechi immer in keller. Weil im helln werns ja blous schwarz und dann issders du ja nimmer. Mir homm banaaner scho immer in keller aafghuum, joahrerdooch. Des mäisersd eingedli du aa wissn – odder hommer scho ä weng alzheimer? Jednfalls hossders du ned gessn, di banaaner - iich mooch ja kanne. Und edz hobbis wechschmeissn mäin.

Woss, woss? Iich hobb dir goar ned gsachd, dassi banaaner ghaffd hobb? Mou mer hald di aung ä weng aafmachn, wennmer in keller gäihd! Dei bier hullsd doch a ausm keller. Dou wassd immer, woos schdäid. Und im regool drieber woarn die banaaner gleeng. Glei hinder di äpfl.

Du hossders goarned gseng? Ja wennmer nur ganz ssiererd nachm bier schaud, dann sichdmers freili ned. Iich hobbmer hald dengd, suer boor vidamine dädner goud, mein moo. Iich sorch mi hald um dei gsundheid. Dir moumer ja jeds obsdschdüggler und jeds bläddler salood neizwinger, sunsd desd ja gor nix gsunds essn. Und drum hobbi mir dengd, wenichsdens banaaner issder, dou bringsdnern edz ä boor mied. Obber bech ghabbd. Nix woars.

Woss sachsd? Iich hädd ja a woss soong kenner? Woss soll edz des hassn? Solli hammkummer und solli soong: Iich hobbder fei banaaner miedbrachd? Ä ieberaschung hobbi machen wolln! Iich hobb mer dengd, wenner edz in keller gäihd und sei bier hulld, dann sichder di banaaner und freid si und kummd raaf und sachd: „Des is fei schäi vo dir, dassdmer banaaner miidbrachd hossd." Und vielleichd sugoor „danke". Obber des word kennsd du ja ned. Wann hossd du es ledzde mool dankschee gsachd? Dou konni mi beim bessdn willn ned droo erinnern.

Iich sooch aa nie danke? Ja, woss machsdn du mir, dassi dankschee soong mäiserd? Solli vielleichd soong, danke, dassd su schäi die zeidung glesen hossd odder dankschee, dasd dein middagsschloof su schäi gmachd hossd odder dankschee, dassder mei essn gschmeggd hodd odder woss? Obber is ja alles selbsdverständli. Edz sooch blous ned, du drägsd jeden dooch in abfall nunder! Erschdens homm mir ned jedn dooch abfall und zweidens irgendwoss wird der herr ja wohl nu dou kenner. Vielleichd hossd di banaaner am end ned gessn, damids öfder abfall nunder droong konnsd?

Iich soll ned suer gschraa machen wecher ä boor banaaner? Alle leid schauer scho? Is doch mir worschd. Dou hossd freili rechd, wecher di banaaner is ned. Obber di banaaner homm es fass hald zum ieberlaafn brachd. Irchendwann mous hald naus. Sunsd fressii ja alles in miich nei, obber irgendwann mous dann doch naus. Su is hald. Banaaner hi odder her. Dou konnsd edz äweng drieber noochDenggn.

Ja, schnell endschuldigung soong. Immer wenns zu schbäd is. Mein godd, seid verzg joar simmer edz verheirood - iich wass goarned, wäi iich des sulang ausghaldn hobb.

Woss leechsdn edz dou in woong nei? „Edle Tropfen in Nuss?" Exdra fier miich? Hossd doch ä schlechds gwissn? No ja, besser als gornix.

Wollmer edz doch ä boor banaaner miidnehmer? Woos scho im angebood sin …

Norbert Autenrieth

Mei Nämbercher Waggala

Un der Gerch hodd no gsachd: „Madla schdreng di ned su oo, wall du wasd ja, des Kindla konn jeda Wochn kumma. Du mid dein Bauch aufm Weech aff Nämberch nei zon Marggd. Des Gerumbel und Geschauggl affn Wächala is fei ned goud fiier eich zwaa. Des brauchsd doch ned, mir kumma scho zrechd."

Ich glaab der Gerch freid si scho rechd gscheid. Vielleichd werds ja a Bou. Abba des Kindla kummd erschd in an Monad, des wassi gwies, des hobbi in Urin. Iich heer fei ned, als obb iich mier scho irchendwann fo an Moo hob wos soong loan. Asu weid kummds no. Er is ja eichendli a gans gouda Kerl, der Gerch. Ärwad fo fräi bis oomds dassma affan griena Zweich kumma. Seine Aldn in Ausdrogsheisla, sei Vadda hoddä Schläächla ghabd, un des Kelbla homma a valurn. Dou braugma etzala jedn Kreiza, wenni mei Gmäis affn Marggd vakaffn koo. De Leid kenna mi scho un wardn aaf mi. Manchmol vakaafi a no Bliemla odda an Krä. Dai schwarzen Weiba von Klosta nehma meina Kräudla, wenn ihrane aafbrauchd sin. Meine Radschläch gidds umasunsd. Ich wass fier was alles goud is. Hobbi fo meina Mudda glernd, un däi fo ihra Mudda. Außadem erfeerd ma dou a manche Neiichkeid. Wer heirad wen, odda ned und dass der Kenich ned kumma is, obwohls däi neie Eisaboo nach ihn gnennd homm. Ma mou ja wissn, wos asu passierd in da groußn Schdadd. Wenns Gschäfd goud gloffn is, kaffama däi klanna Broadwerschd; manchmal a an Gwedeldn.

Legg mi am Oorsch, etza zwiggds ma aba gscheid in Kreiz. Un was lefd etz dou an mein Baa noa? Iich werma doch ned in die Huusn brunsd homm. Ja verregg. Almächd, des is do no vill zu frai, Himmel hilf. Brr, brr, brr, Hald, Hald, oooooh, Gerch, Gerch. Der Gaul schbizd die Oorn, obwohl er ned Gerch hassd un des Wächala held o. Dess siechi i no, häer däi Gloggn laidn, nachad werds mer gans schwarz vuur meine Augn un ich hob an gans schlimma Drugg doa undn. Wäi asu langsam widda zu mier kumm, heeri als wäi wenn a klaans Ketzla schreid. Un dou liechds, zwischa maane Baa un is gans road in Gsichd. Es Waggala is a Boa. Heddinou blous af mein Gerch gheerd. Allmächd na. Des gids noch ned. Wos machin etzala? Woa isn mei Gmäismessa? Däi Naoblschnur, däi moi doch anu durchschneidn. Wos machin etzala? Es werd scho hell. Etz bini doch scho fasd in Nämberch, dou konni doch dai gansa Woa ned widda mid hammbringa. Wos machin etzala? Schnell an vo meine Underrögg auszuugn, es Kindla neigwiggeld un no a Sagg rumbundn, dass ned frierd. Asu mäisads gäi. Gans fesd in meine Arm haldis, mei Bobbala. Hü, Hü, un der Gaul fengd widda langsam zon Schdampfn oo. Gans vorsichdig zäichda des Wächala, als wenna wissad, dass des etza wos gans bsondersch is, un no foorma weida nach Nämberch, nei affn Marggd. Glei simma doa, di Marchared kummd gloffn, woorscheins bini doch aweng weiß in Gsichd, siichd mid an Bligg wos passierd is, nemmd es Waggala un schdeggsd in ihrn Scherza nei. Nachad pfeifsd die annern, und däi denna mei Gmäis, däi Kuulkepf un alles annere von Woogn roo un baua mein Schdand aaf. „Hogg di her, doudi ned oo, es werd scho wern" sachds no un lechd ma an Klann an die Brusd. Anner bringd mer a Bier, ach doud des goad. De Marchared wiechdn aweng in ihre diggn Arm, freid se un gid man widda. A ganse Weil douin schauggln un haldin warm. Es is alles droo an ihn wos dro sai mou. Gans zfriedn schaud er aus der Klaa. Ich glaab, der freid si, dass an sein Geburdsdooch glei a sua Gwerch is. A boa Leid laafn scho umananda. Iich hogg aaf mein Kisdla un schau mei Waggala oo un ieberleech mer, was werd se der Gerch denkn, wemma alle zwaa hammkumma. Un dassa doch rechd ghad hod. Varregg, des moi ja zougem.

Die Marchared leffd numol rieba fo ihrn Eiaschdand und sachd: „Wenn da Marggdfurschdäa kummd, sachsd, dass der Klaa dou am Marggd nausgschliepfd is. Nachad issa a freia Nämbercher. Iich bezeich des, un die annern aa. Dou gidds aweng a Gerschdla von Machisdrad." „Abba des konni

doch ned machn", soochi, „des wär doch gladd gluung". „Ach" sachd die Mar-
chard, „wos isn scho gluung. A bissla fuur odda hinda dera Schdaddmaua is
doch worschd. Vielleichd mechad er irchend wann aaf Nämberch neizäing,
wenna a groußa Boarsch gworn is un wos anderschd lerna. Wos, woasi ned
asu bloagn mou wäi dei Gerch." Un wäi nu dou drieba nochdenggn doa,
moami doch amol umdreha fiers glanne Geschefd. Wechadems lechi mei
Waggala gans kurz neba dai Kuulkepf in Schdand nei, walla a die Auggn
zougmachd hodd. Blezli douds hinda mir an Drimma Schloach, an Schrei
un däi Kechi fo da fuurnehma Hauptmänni felld in Ohnmachd. Mei Klanna
hodd die Auggn aafgmachd ghabd un sei Göschla, worscheins hodda wid-
da an Hunga gräichd, zwischa dena Kuulkepf. Wos fier an Schregg moa i Ke-
chi gräichd homm, wäisi dä Kuulkupf blözli bewechd hodd un zon schreia
oogfangd hodd. Etz moi a nu lachn, na suwoss, ach Goddala na.

Abba etza kummd ma wos gans wichdichs in Kuupf nei, etz fellds ma widda
ei. Wäi bring iich mein Gerch bei, dass ma den Klann Sebald daufn mäin, un
ned nooch sein Vadda. Wall doch dou draußn, no befuurs hell worn is un
er asu schnell naus wolld in die Weld, däi Gloggn fo da Sebalduskirch gleid
homm, gans laud un gans aussa da Reia. Ich glaab, des is a Zeichn, odda
ned? Jo werggli!

Christa Bellanova

Koseworde

Mei gouderler,
mei schneggerler,
mei scheisserler.
Hommer ä wengerle
ä gschäfdler gmachd!
Schdingn dousd
jednfalls wäi ä bedz!

Ä alde gschichd

Ann löffl fier di mamma.
Ann löffl fiern babba.
Ann löffl fiern oba.
Ann löffl fier di oma.
Ann löffl fier di dande Helga.
Ann löffl fiern ongl Heiner.
Hald! Der gräichd nix.
Di bläide sau!

Norbert Autenrieth

Frühreif, odder boll droh.

Des is scho a Wahl her. Unser Kinner wohrn nu gor nunni su arch grouß. Dou wohrmer amol bo su ann Fessdla. Mir wohrn eigndli scho immer gährn aff su ann Fessdla. Semmer a heid nu. Wall a schäins Fessdla is wos Schäins. Obber eds zrigg zoh dem Fessdla, dou wou mir domols aa mied doddn wohrn. Also des Fessdla dou, dou wou mir doddn wohrn, des wohr bo a bohr Freind vo uns in ihrm Gärdla. Des wohr su a Ohrd Gaddnfessd, hold su a Grillbaddi, im Freia. Draußn hold. Mir wohrn also midd unsere Kinner aff demm Grillgaddnfessd vo unsre Freind in denna ihrm Gärdla. Ausser uns und unsre Freind midd dem Gärdla, wohrn a nu a Haufn andere Freind vo uns aff demm Fessdla. Däi homm zum Daal aa ihre Kinner mied derbei ghabbd, zumindesd däi, däi wou zoh der Zeid aa Kinner im Older vo unsere Kinner ghabbd homm. Aff jeedn Foll wohrn aff demm Fessdla a Haufn Leid und a Haufn Kinner. Des is eds eigndli nedd ganz richdi, wall Kinner senn ja aa Leid. Wenni eds obber blous gsachd hädd, dass aff demm Fessdla a Haufn Leid wohrn, dann wisserd kanner, dass aa Kinner mied doddn wohrn.

Obber eds zrigg zoh demm Grill-baddi-gaddn-fessdla wou iech midd meiner Fraa und meine Kinner und unsre Freind midd und ohne Kinner doddn wohrn. Mir kennerd sohng, des wohr su a richdis Familienfessdla. Also aff demm Fessdla wohrn grouße Leid und glanne Leid, Kinner hold. Di Indressn senn dou scho a weng assanander ganga. Des is bomm Essn und Dringn scho ohganga.

Di Groußn homm hold a weng a Bier drungn, manche aa a weng mehr wäi a weng, hadd nadierli a anne geem, däi wou ihr Minerohlwasser neizuuhng homm. Und di Kinner wohrn ganz siererd aff a Kola odder an Ohrooschnsaffd. Bomm Essn wohrs dann aa su, dass als erschders di Wärschdli und der Nuudlsalood wechganga senn, nadierli zerschd vo di Kinner. Maahnerd mer. Hadd obber scho a bohr Olde aa gehm, däi wou gmahnd homm, des erschde Wäschdla des mäin sie hohm. Obber im Groußn und Ganzn wohrs scho a su, dass di Kinner di Wäschdli und di Erwachsna di Bindli und di Schdäigs gessn homm. Und wäi si des für su a richdis Grill-baddi-gaddn-summer-familien-fessd ghärd, hadds dann aa nu an Koung und an Kaffee gehm. Aa Doddn wohr a doddn gschdanna

Zwischer däi zwaa Hailaids - Middoochessn und Kaffeedringn – haddsi däi Schlassn zwischer Kinner und Erwachsne a weng daahld. Di Groußn senn hoggn bliem, homm a weng wos as ihrm Leem derzilld. Homm vo di Kinner gredd. Wos däi doch olles scho kenna, wos der Nachber für Fraddsn hadd, wäi schlimm di Lehrer senn, und wos für a Bagaasch olles in der Schuul su gibbd und wos in zwanzg Johr amol schdudiern. Ärcherd wenn hadd dann der erschde amol an Widds derzilld, o bohr Andern senn dann aa nu a bohr eigfolln und dou wohrs dann scho gscheider, dass däi Kinner si wos anderschds gsouchd ghabbd homm. Des wohr in dem Gärdla a ned schwer. Dou is a Schaugl rumgschdanna und a Sandkassdn wohr dodd und aa Wei-herla. Des wohr äs schennsd. Und ieber des Weiherla is a Briggla drieber-ganga. Wohr eigndli blous a holbs Briggla, sozusohng a Schdeech. Des is su ungefähr an holbm bis an dreivärdlsdn Meeder in des Weiherla neiganga und doddn wous gohr wohr, dodd senn zwaa Bfossdn in demm Weiherles-buudn drinngschdeggd.

Däi Bfossdn wohrn ohgschillde Baamschdämm und dou drauf senn a bohr Bredder gleeng.

Und aff däi Bredder senn a bohr Boum gleeng, walls däi Widds ned indres-sierd homm. Mir wohrn däi Widds ärcherdwenn aa zbläid. Binni aa a weng zoh demm Weiherla hieganga und hobb mi a weng hiegliechd. Wall der Schdeech obber scho vo dennern Boum beleechd wohr, hobbi mi hold neeber des Weiherla hiegliechd und a weng in des Weiherla neigschaud.

Dou senn a bohr Fischli drin rumgschwumma und an däi Bfossdn, wou des Briggla draufgleeng is und däi Boum draufgleeng senn und aa in des Weiherla neigschaud homm, wohrn a Haufn su glanne Schneggli drohghängd. Des wohrn su an Haufn, dass däi sugohr ieber annander drieber grabbld senn und aff annander ghängd senn. Des homm däi Boum aa gsehng. Aff amol hadd dä a vo däi Boum, zufälli meiner, an Schraah lousgloun und gschriea: Brauni, Brauni gäih amol her, däi figgn, figgn, figgn.

Värzeh Dooch schbeeder isser dann in di Schuul kumma, und obber ärcherdwenn an Aufsadds ieber su a Grill-baddi-gaddn-summer-familienweiher-fessd gschriem hadd, wassi nemmer.

Peter Landshuter

Nachbarn

Freili kommer midd seine Nachbern
in Friedn lehm –
wenn's weid gnuuch
vo amm wech wohner!

Erich Hübel

Nachbern

Hob ich a Wud af meine Nachbern. Hom Sie Nachbern? Wenn ned, dann kennas glei wechhörn.

Wenn scho, dann kennas mich beschdimmd verschdeh. Alles, wos mir machn, passd unsere Nachbern ned. Wenn mir unsere Beim schneidn, dann fühln die sich gschdörd, wall a poor Äsdli odder Bläddli zu ihna nieberflieng kennerdn. Wenn mir unsere Beim ned schneidn, na bassd's ihna a ned, wall dann unsere Äsdli und Bläddli zu ihna nieberwachsen und ihna die Aussichd beeindrächdichen. Wos fer a Aussichd, froch ich mich do. Des konn doch eichendli bloos die Aussichd af uns sei, wall außer af die Nachbern gibd's bei uns ka Aussichd.

Die wolln doch bloos schpioniern, damid sie sich hinderher widder aufreng könna.

In so am Reihenhausgardn had mers ned leichd, soch ich Ihna. Wenn mir unsern Rasen mäha, na schreias rieber iebern Zaun, dass ihr Ruh hom wolln und wenn mir unsern Rasen ned mäha, na schreias a, walls Angst hom, dass vielleichd der Soma vo die ausgwachsna Grosbüschel zu ihna nieberfliechd.

Die droha gladd midm Rechdsanwald, wenn unser Dackel zwa oder drei Groshälmli bei dena aus Verseng mit seine Pfoden berührd.

Meim Mo is des worschd. Der hod an breidn Buckel, sochd er immer. Obber mir schdinkd des gewaldich. Muss mer sich denn vo solche Leid alles gfalln lassn?

Also, hob ich mer denkd, gehsd amol zur Bolizei, des is doch dei Freind und Helfer, und erkundigsd dich, wos mer so derf und wos ned, wenn mer so noh affanander hockd. Wissen's wos der Bolizisd gsochd had zu mir?

„Gute Frau", had der gsochd, „wie alt sind denn Ihre Nachbarn?"

Im erschdn Momend hob ich gor ned verschdandn, wos der vo mir will. Wos hadn a Reihenhausgardn mitm Alder vo seine Eichendümer zum do? Obber der hod ned loggerglassn.

„Älter oder jünger?"

„Jinger." S'is mer nix iebrichbliem als die Wohrheid zu song.

„O, je", hod er drauf gmaand.

Edz bin i der langsam grandich worn. „Wieso oje?"

„Na ja, wissen Sie, gute Frau, bei Nachbarschaftsstreitigkeiten gibt es nur zwei Möglichkeiten: Auszug oder Tod."

Do bin ich der vielleichd derschrocken wie der Boli des so ganz lässig sochd. Wenn mir die Älderen sin, dann wärns ja a mir, die zerschd schderm.

Obber vielleichd gibd's ja no a dridde Möchlichkeid, anne, mit der meine Nachbern ganz beschdimmd ned rechna. Ich könnerd zum Beischpiel is nächsde Mol, wenn die im Garden sin und mir a, also, do könnerd ich einfach gscheid freindli sei zu denna. So freindli, dass di gor ned wisserden, wie ihna gschichd. Die wärn wohrscheins so derschrockn, dass blödzli a ganz freindli wärn zu uns.

Und dann misserdn mir des bloos schaffn, den Schdadus Quo iebern Summer aufrechd zu erhaldn. Dernoch siechd mer si eh kaum no, wall im Winder, do verschwind doch sowieso a jeder in seim Loch. Do kommer si dann widder a halbs Johr vonanander erholn.

Je mehr ich nochdenk drieber, umso besser gfälld mer die Idee. Des kennerd doch glabbn, wos maana Sie?

Margit Begiebing

Nostalgie – kein Kapitel für ganz junge Leser!

Es war Hermann Strebel. Er war Autor, Dichter, Conferencier, Unterhalter, Spaßmacher, und er hatte in den Zwanzigerjahren des vorigen Jahrhunderts in Nürnberg in der Pfannenschmiedsgasse im Gebäude der späteren „Hertie-Wache" eine Kleinkunstbühne. Das ist das Sandstein-Haus mit den zwei Rundtürmchen. „Apollo-Theater" hieß das damals. Die Nürnberger nannten es natürlich liebevoll kurz „is Abollo". Ausgesprochen mit dem fränkisch-berühmten prälabilalen „L". Und mit einem typisch fränkisch weichen „B". „Abollo".

An einem seiner Kabarettabende soll Strebel ein Nostalgie-Programm vorgestellt haben mit vielen Erinnerungen aus seiner Jugend. Und die Gäste damals, also vorwiegend die nicht mehr ganz jungen Gäste, sollen geschwelgt haben bei der gemeinsamen, aber auch der eigenen Rückschau, für die subjektive Erinnerungskultur und zur eigenen Erbauung. Das hat die Seele gestreichelt.

Auch bei uns in der heutigen Zeit finden immer wieder Abende statt, bei denen es unter anderem um Vergangenheit, um Erinnerung, um Nostalgie geht. Erst neulich bei einem meiner regelmäßig stattfindenden Stammtische kam das Thema auf. Aus allen möglichen Lebensbereichen haben wir Begriffe, Umstände und Situationen hervorgekramt, die heute oft in Vergessenheit geraten sind.

Haben Sie Lust, liebe Leserinnen und Leser der Nachkriegsgeneration, mit mir eine kleine Zeitreise in die mittleren Fünfziger und Sechziger zu unternehmen? Ja? Also gut. Los geht's.

Der Begriff „Festplatte" ist für die heutigen Jungen aus dem PC-Leben nicht mehr wegzudenken. Damals waren das kleine Schnittchen mit Wurst oder

Käse auf einer Nirosta-WMF-Platte. Heute würden wir „Fingerfood" dazu sagen. Mein Nachbar Egon will übrigens demnächst ein „spezielles Besteck für Fingerfood" erfinden. Na, sauber.

Es gab damals auch noch keine „Partys". Das waren kleine Feiern oder Einladungen, bei denen teilweise das Wohnzimmer geräumt oder kurz umgestellt wurde. Cocktailsessel und Nierentisch waren in Ergänzung des kleinen Hochglanz-Wohnzimmerschranks absolut in. Die Stehlampe mit Stoffbezug gehörte natürlich dazu. Das grüne Auge am Schaub-Lorenz- oder Grundig-Radio zeigte den perfekten Empfang des Röhrengerätes an. Auf der gedruckten Sender-Skala konnte man noch Radio Luxemburg und Radio Hilversum durch Drehen des gigantischen Sender-Wahl-Knopfes einstellen. Die Wände der Zimmer waren meist noch nicht tapeziert, sondern mit Leimfarbe gestrichen, und dann wurde ein Muster mit der Gummiwalze aufgetragen. Weiß ich noch.

Wie war man verkehrstechnisch zu der Einladung gekommen? Meist mit der Straßenbahn. Da gabs noch einen Schaffner pro Waggon. Den permanenten Ruf „Noch jemand ohne Fahrschein?" hab ich heute noch im Ohr. Von einem Fahrscheinbrettchen wurde der kleine Zettel erst gestempelt und dann abgerissen. Mein Schwesterherz wußte sogar noch, wie die Plattformen der Wagen zum Ein- und Aussteigen im Freien vorne und hinten hießen: Perron.

Manchmal kam man aber mit dem eigenen Auto. Viele Marken der damaligen Zeit gibt's nicht mehr. Wer erinnert sich denn noch an den DKW, an den 2CV, an die BMW Isetta, an das Gogomobil, an das Messerschmid Cabrio, an den „Plasikbomber" Lloyd, an die Borgward Isabella, und an den Glas? Apropos Motorisierung: Auch im motorisierten Zweiradbereich fehlt so manche Marke: Bei Motorrädern war es die Indian, die Triumph, im Mopedbereich fehlen heute Kreidler, Hercules, Horex, Zündapp und das gute alte Vicky.

Zurück zur Einladung. Man hat bei diesen „Hausbällen" geraucht, was das

Zeug hielt. Kann sich noch jemand an die damals gängigen Marken erinnern? Da gabs Zuban, Senoussi, Dames, Kurmark, Eckstein, Salem, Overstolz, Astor, Nil, Mokry, Nordstate und viele andere.

Und erst die damals verabreichten Getränke. Ich selbst ja weniger, aber meine Leber kann sich an Spirituosen zurückerinnern, die auch noch in den mittleren 60igern als „in" bzw. damals als „dufte" galten. „Escorial grün" und „Curacao blue" waren die Exoten. Die Damen bevorzugten meist „Mampe halb und halb", „Kroatzbeere" oder „Eckes Edelkirsch". „Puschkin" – der mit der Kirsche – ging gerade noch. Und die Herren der Schöpfung? Der „Steinhäger" in der braunen Tonflasche war obligat nach dem Essen, aber danach: Wer auf sich hielt, trank Whisky. Deutschen Whisky. Entweder „Racke rauchzart" oder „Jakob Stück". Das war der mit dem Lederhalfter an der Flasche. Manche fantasievolle Kombination war damals auch noch an der Tagesordnung: „Eitergeschwür"! Das waren Kirsch- und Eierlikör in einem Glas. Na Prost. Alkoholfrei gabs Nawinta, Ika Gold und Windsheimer, das damalige Synonym für Sprudel im Allgemeinen.

Wie schaffe ich jetzt den Übergang von Alkohol und Nikotin zu meiner Kindheit? Den gedanklichen Schalter umlegen. So geht's. Also: Meine Schwester und ich haben tatsächlich noch den Holzkreisel mit der Peitsche getrieben, den Holzreifen mit dem Stecken um die Häuser gejagt und wir haben geschussert. Die Tonschusser, respektive Murmeln, waren Standardbesitz, wer Glasschusser hatte, war schon sehr begehrt als Gegner, man konnte nur dazugewinnen. Besonders beliebt waren damals außerdem Holz-Tretroller und an die Straßenschuhe zu schraubende Rollschuhe, bei uns in Nürnberg „Orgerla" oder „Absatz-Reißer" genannt.

Beim Bäcker oder beim Zeitungskiosk gabs „Heinerle-Wundertüten", „Friego-Brause" und „Dubble- Bubble-Kaugummi". Der teilweise noch zu Fuß patrouillierende Polizist hieß „Schutzmann", ich kann mich aber auch noch an berittene Polizei erinnern. Und ich hab heute noch das Metallgeklingel des ambulanten Scherenschleifers im Ohr. Messer und Scheren wurden zu ihm auf die Straße runtergebracht und wieder scharf geschliffen.

Dann kam die Schulzeit. Der Schulweg wurde bei jedem Wetter zu Fuß zurückgelegt, meist mit den anderen Kindern von derselben Straße. Die sog. „Schulspeisung" bestand aus viel zu heißem Kakao und einer pappigsüßen Cremewaffel vom Hausmeister. Von den unzähligen Streichen, die wir als berüchtigt böse Schulklasse getrieben haben, seien hier nur zwei erwähnt:

Wir haben immer wieder mal heimlich die Tafel mit Öl eingerieben. Keine Kreide der Welt hat das verkraftet oder weggesteckt. Nix mehr ging. Und wir haben ab und zu, und zwar bevor der Hausmeister die Tinte im Schülerpult nachgefüllt hat, etwas geschabte Kreide in die Tintenfässchen gekippt. Das gab jedesmal eine grandiose Sauerei, weil die Tinte förmlich aus dem kleinen Glasgefäß herausgeschäumt ist.

Es gäbe ja noch so viel zu erinnern. Der Personalausweis hat „Kennkarte" geheißen, der Fernseher, wenn überhaupt vorhanden, war sehr klein und der Bildschirm war schwarz/weiß. Die hochgeistigen Literaturheftchen für uns Kinder hießen „Akim", „Sigurd", „Pete", „Tibor" und „Prinz Eisenherz". Unsere Eltern putzten damals mit „IMI", „ATA", „VIM" und „Sidol". Beim Milchhändler gabs noch offene Milch, die mit der typischen „Milchkanne", meist aus Alu, eingekauft wurde. Klementine erklärte uns in der Werbung mit Hilfe von „Ariel" den Unterschied zwischen sauber und rein, und das HB-Männchen riet, doch nicht immer gleich in die Luft zu gehen.

Zum Schluss: Es gab damals noch keine Computer. Das habe ich versucht, meinen Nachbarskindern zu erklären. Sofort haben sie gefragt: „Und wie sind dann die Leute damals ins Internet gekommen?" Gute Frage!

Jürgen Leuchauer

Griaß dich Godd

Ja, do schau her. Dass mer dich a amol widder sichd. Ja, griaß dich Godd.

Gud schausd aus. Erschd ledzde Wochn hommer vo dir gred, ich und die Elsbeth. Wassd scho, die Rupps Elsbeth maan ich, edz haaßt's natierli andersch, walls ja gheirod hod, waast scho, den... den..., dem sei Noma fälld mer immer nie ei, obber du waast scho, wen ich maan...

Edz verrot mer bloß, wos hob'n ich dir edz eichendli erzähln wolln? No ja, is ja a worschd.

Wall wassd, ich kumm grod vom Eikafn. Ich hob an Lider frische Milch in der Daschn und bei dem Wedder, findsd ned a, dass heid so schwül is, dass mer maana kennd, dass no a Gwidder kummd, desweng denk ich, es wär besser, wenn ich mid meiner Milch, dass ned sauer werd, glei hamgeh däd. Maansd ned a?

Wall, ich muss nämli an Kung baggn. Der Walder will heid Namidoch kumma. Wassd scho, unser Walder. Der wor scho ganz lang nimmer do. Der ärbert edz nämli in Erlangen. Und do muss er dauernd hi und her fohrn. Jedn Doch. Des machd nern ferdich, sochd er. Er hod scho gschaud, dass er wos andersch in der Näh' find, obber bis edz hod er nix andersch gfundn. No ja, dann muss er hald weider hi und her fohrn. Bis er wos gfundn hod. Dann werds beschdimmd besser fer unsern Walder. Obber bis do hi... Ich hob's ihm scho a boormol gsocht: Walder, do bleibd der nix, do musst durch.

Uns is in unsrer Juchend ja a nix gschengd worn. Mir hom a immer schaua missn dass allers immer weider gehd.. Und es is ja a immer weider ganga.

Und bei dir? Wie gehd's nacherdla dir? Ach, wos froch ich ieberhaubds, dir gehd's ja immer gud. Des is des Scheene, dass du's dir nie schlechd geh lässd. Eichendli brauchd mer bei dir gor ned nochfrogn.

Bei mir is des andersch. Mir gehd's amol so und amol so. S'is ned leichd. So richdi gsund bin ich ja a scho lang nimmer, muss Dableddn nemma, frieh und omds, rosane und weiße. Die weißn sin so groß dass mer's gor ned nunder bringd. Obber ich muss. Wall ich hald nimmer richdi gsund bin. In meim Alder is des hald so, do hom Andere a wos. Obber ich beschwer mich ned. Naa, des däd ich nie machn. Wall's ja immer weider geh' muss. Es is ja a immer weider ganga. Es muss hald geh'. Solang', bis nimmer gehd. Hoffendli gehd's dann schnell. Lang leid'n will ich ned.

Wenn's soweid is dann schdeh ich in der Zeidung, konnsd dich draf verlassn. Dust immer schee die Zeidung lesn dann wasst Bescheid und konnsd af mei Beerdichung geh'. Däd mich freia. Obber vielleichd sichd mer sich ja vorher no amol.

Margit Begiebing

Gnabb däneem
Oddär:
Manchmoal härd mä blouß dess, woss mä härn will

Där Schoarschn-Gärch:
„Wäi gäihd-s lihnän heid?"

Di Marcharedds-Gredl:
„Nedd su goud."

Där Schoarschn-Gärch:
„Dess härd mä gärn."

Friedrich Ach

Di Värsuchung
Oddär:
Warumm-s midd meinär Diäd a dessmoal widdär nedd glabbd

Doard,
inn där Eggn,
dou hoggd
a glanns Deifäla
und sachd:
„Kumm,
hau-s nei,
dei Schäifäla!"

Friedrich Ach

Am Fenster

Dou schau hi! Es fesnder hodds scho aafgmachd. Glei werds ihr kissler hileeng. Scho gscheeng. Hobbis ned gwissd! Edzerd hoggsersi hi und edz, edz schdüzds ihre ellerbuung affs kissler und verschrängd di arm under ihre diggn brüsd, än ganz scheener vuuhrbau hodds scho. Ja wers mooch. Wäi lang is ihr moo edz scho doud? Drei joar sins beschdimmd. Bei mir sinds ja scho fünf, dass mei Anni gschdorm is.

Obber ä kissler zum nausschauer brauchi ned.

Obber goud is, dass di fraa im baderr wohnd und iich im dridden gecherüber aff der andern seidn vo der schdrass, sunsd kennerds gladd in mei zimmer schauer. Und su konn iich nieber schauer zu ihr und wenni mi äweng zrügglehn, dann konns mi wohrscheinli goar ned seeng. Sie schaud ja eh aff di schdrass und ned zu mir naaf. Iich siechs immer, wenni mooch.

Si luurd ja immer draaf, dass anner vuhrbeikummd. Dou, edz kummd grood a fraa. Edz hoddsis gseeng. Schauner, wäisis fixierd! Sie lässds ned aus di aung. Worscheinli wards draaf, dass woss sachd. Edz hodds hiegschaud, di fraa. Obber aa glei widder wech und is weiderganger. No, däi hoddsi sicher dengd, däi schbinnd doch mid ihrn gschau.

Dou kummd ä moo. Woss machds denn der edz? Den hodds gwungn und gsachd hodds offensichdli aa woss zu ihm. Und er is schdäibliebm und red mid ihr. Schood, dassmers ned verschdäi ko, ieber woss di redn. Woher si däi wohl kenner? Däi Fraa gäihd doch ned ausm haus. Iich siechs doch immer, dass zwaamool am dooch der pflechediensd kummd und middooch essn aff räder. Vielleichd kennds den vo fräiher. Des kennerd sei. Odder si hoddnern ämoohl vom fensder aus oogschbrochn. Des kennerd a sei. No, scho isser widder wech.

Vühl leid kummer heid ja ned vurbei. Nach woss däi wohl schaud, wenn kanner vurbeigäihd? Schauds dann di audo aff der schdrass o? Vielleichd zählds, wieviel weiße odder silberne audos odder äsu vuhrbeifohrn dänner. Dou mäiserd si sich des obber aafschreibm, weil des konnsi ja kenner mergn. Also iich bräucherd dou scho änn zeddl und än schdift. Mer kennerdsi ja aa ä tabelln machn. Su schbaldn zum beischbiel middi audofarbn: rode, blaue, weiße usw. und immer än schdrich machn. Odder sie schaud, wievühl mid än kennzeichn vo auswärds kummer. Als kinder hommer des gmachd. Kennzeichn aafgschriebm. Is ja wergli kindisch. Obber: Dou hodds doch ämool än krimi gehm, dou is der mörder erwischd worn, weil ä kind di nummern von di audos aafschriebm hodd. Suwoss gibbds obber nur im film. Änn suern zufall gibbds ja goarned.

Än zeddl hobbi bei der fraa no nie gseeng. Dass der des ned zu bläid is, immer aff die schdrass zu schauern.

Dou kummd ja di müllabfuhr. Edz schdelld si däi direggd vur ihr fensder! Dou schbringer scho di müllmänner vo hindn nunder und hulln di mülldonner. Däi sin fei scho schnell. Scho homms zwaa ausgleerd und hulln di nächsdn. Iich mecherd su ä oonschdrengende ärberd fei ned machn. Und immer im freier. Dou wennsd mer ned gäihsd. Nu zwaa. Edz mäserdens obber ferdich sei. Scho schdeings aaf. Gefährli is des außerdem. Wenn der vorner blözli bremsn mou, dann haudsis hindn nunder. Dou konnsdi herrichdn.

Wo issnern edz di fraa? Es fensder is nu offn und es kisserler lichd aa nu dou. Wou issn hi? No, vielleichd hodds mol affs chlo gmäsd. Kummd beschdimmd glei widder, sunsd hädds es fensder ned offen glassn. Im baderr konnsd ä fensder ja ned offn lassn, su schnell schausd goarned, is dou anner drin.

Dou is ja widder. Ach, ä dassn hodds in der händ. Vielleichd hoddersi än kaffe gmachd. Na, den mäiserds obber schon ferdi gmachd ghabbd homm, su schnell kommer kann kaffe ned machn. Noja, mid anner exbressoma-schiener gingerd des scho. Obber, dass su ä alde fraa ä exbressomaschiener hodd, glaabi edz eher ned. Iich hab ja aa kanne. Wou doudsn edz ihr dassn hi? Affs fensderbreddler nebers kissn. Dou moas obber aafbassn, dass ned hischdössd und di dassn nunderfälld, sunsd is beschdimmd hi. Des wär ned schlechd. Dou mäiserds dann ausm haus und dann dädis ämool ganz seeng.

Iich kennerdmer a woss zu dringn hulln. Än dorschd häddi scho. Obber dann versaami vielleichd woss..

Edz hoggds fei scho lang an ihrn fensder. Dass der des ned langweili werd? Edz nimmds di dassn und ihr kissn. Sie werd doch ned? Edz machds es fens-der zou. Wech is. Schood.

Iich verschdäi ned, wäi mer si in ganzn dooch vurs fensder sedzn konn. Des is doch es ledzde.

Äweng schaui nu naus. Vielleichd kummds ja widder.

Norbert Autenrieth

Denggn is
manchmol schmerzli

Von Curt Götz (1888-1960) stammt der schöne Satz: *„Allen ist das Denken erlaubt. Vielen bleibt es erspart."*

Auf die Autorinnen und Autoren dieses Buchs trifft der zweite Halbsatz sicher nicht zu. Allerdings dürfen auch sie sich wundern über so manche Wirrnisse, Ungereimtheiten, abstruse Erscheinungen menschlichen Nichtdenkens und dürfen diese teils humorvoll, teils fassungslos, immer aber mit einem gewissen Hintersinn, hinterfragen.

So bekommt René Decartes „cogito, ergo sum" eine ganz neue Bedeutung und auch die höhere Bildung kommt nicht zu kurz. Da schießen manchem im Halbschlaf hoch-philosophische Gedankenfetzen durch den Kopf und andere wundern sich über die alltäglichen Unzulänglichkeiten - und sei es nur die Unzulänglichkeit von Fahrkartenschaltern, die ratlos zurücklässt.

Dass die Welt ein bisschen verriggd, pardon verrückt, ist, ist häufig die schmerzliche Quintessenz des Nachdenkens. Gehen uns nicht allen ab und an Gedanken über manche Eigentümlichkeiten des Lebens wie Fetzen durch den Kopf und selbst „Heiligtümer" wie das Volkslied oder – noch schlimmer – die fränkische Kärwa laden bisweilen auch zu satirischen Gedanken ein.

Vielleicht muss man ja auch erst alt werden, um „das Schöne zu erkennen", aber auch Rentnergedanken gehen manchmal seltsame Wege. Ja, Nachdenken ist manchmal schmerzlich und bisweilen wünscht man sich, es wäre einem erspart geblieben.

Cogito, ergo sum
Oddär:
Wenn di Bhilosofhie aff di Wirglichkeid driffd

Di Babedds-Bärbl
sachd zumm
Schoarschn-Gärch:
„Där Bhilosofh Renee Decard
hoadd gsachd:
'Wall-i dengk, drumm binn-i.'"

Dou draaf maand där
Schoarschn-Gärch:
„Wenn dess schdimmd,
hassd dess ja umkährd,
dass-i,
wenn-i nedd dengk,
nedd binn.
Und drumm hogg iich miich
edz dou-här und dengk a Moal
zehr Minudn lang nix.
Dann wär-mär schoa seeng,
ob där Fhilosofh räächd hoadd!"

Und mä soll-äds nedd glaam,
obbär seidem is där Schoarschn
Gärch,
wedär inn Närmbärch nu inn Färdh,
jemoals widdär gseeng woarn.

Friedrich Ach

*Renee Decar: Rene Descartes - Cogito,
ergo sum: Ich denke, also bin ich*

A glannär Dialooch
Oddär:
Där Hirn-Heinär und där Franzn-Franz

Där Hirn-Heinär sachd
zumm Franzn-Franz:
„Iich wass alläs!"

Und dä Franzn-Franz sachd:
„Du wassd alläs!
Dass-i nedd lach.
Dass du
goar nix wassd,
dess siichd-mä ja
schoa dou dro,
dass-d nedd amoal wassd,
dass-d nix wassd!"

Friedrich Ach

Wos am suu durchn Kubf gehd…

Me koo si bloß wos
durchn Kubf gäih laun,
wenn me an hod..

Manche sachd,
er lessd si wos durchn Kubf gäih,
dabai hod e goor kann…

I.
Wennsd miich wos froochsd,
gräigsd fai ned imme gsachd,

wos iich doodezou denk,

waal iich ned imme denk,
wenn miich aane wos froochd…

II.
Durch n Kubf,
gehd ned imme vill,

wall suu e Kubf,
scho aa saine Grenzn hod…

III.
Manchmol dengd me,
es gehd an wos durchn Kubf…

dabai gehd dees alles
iibehabds ned durch…

(abbe ofd daischd me se,
waal alles gehd goor ned durch…)

IV.
Me dengd,

dees mäißed me se
durch Kubf gäih laun…

dabai dengd me
ofd goor ned droo,

dass me desdeweeng
an goor ned beläsdign mou…

Walter Tausendpfund

Über die Höhere Bildung oder manche Menschen sind unbelehrbar

Frau und Mann sitzen am Tisch, der Mann liest in einem Buch, die Frau in der Zeitung. Die Frau wird im Lauf des Gesprächs immer unwilliger, schließlich laut.

Frau: Edz sooch blous, du liesd ämool ä buuch?

Mann: Freili. Ich dou mi hald bildn. Ned immer nur Zeidung leesn.

F.: Lass ämool seeng. (Mann hält Buch hoch) Des is ja französisch! Ja konnsd du denn des iebersedzn?

M: Hobb doch Französisch in der Schuul kabbd, wenigsdens ä Joar feiwilli. Und di Hälfd woari aa drin.

F: Woss liesd no grood? Des däd mi edz scho indressiern. Lees ämoll vuhr!

M: Also. Es is scho äweng komisch, woss dou schdäihd. Dou schdäihd: **Das Sonnendach des Strickbeutels war die Lehrerin des 15. Zuhälters.**

F: Ä suer Gschmarri. Des konn ned sei. Des gibbd ja goar kann Sinn. „Das Sonnendach des Strickbeutels war die Lehrerein des 15. Zuhälters." Du schbinnsd doch. Des schdäihd dou nie!

M: Doch, des schdäid dou.

F.: Edz lees doch mool französisch vur!

M: **La marquise de Pompadour était la maitresse de Louis Quinze.**

F: Ach du läiber Godd! Wäi konnsd du des mid „Das Sonnendach des Strickbeutels war die Lehrerin des 15. Zuhälters" iebersedzn? Dou is doch jeds word verkehrd!

*M: Goar ned. Däi boor **Vokale** für den dexd homms uns scho in di erschdn französischen **Legionen** beibrachd.*

*F: Woss? **Vokale?** Du maansd **Vokabeln.** Und wäi kummsd edz aff **Legionen?** Des woarn Heer mid römische Soldadn. Des hassd **Lektionen** und kummd vo **Lektor.***

*M: Also Frau, dou sichd mer widder, dass du keine Ohnung hossd. Scho in der fünfdn Klass homm mir des Gedichd von **Lektor und Andromedar** glernd!*

*F: **Andromedar?** Woss soll edz des sei? Du maansd **Andromeda.** Ä **Dromedar** is ä Kamel mid ann Högger. Und **Andromeda** is natürli aa falsch. Des is ä Schdernbild. Kennerds ned sei, dass du des Gedichd vom Schiller glernd hossd, wou der **Hektor** vo **Adromache** Abschied gnummer hodd? Vom **Hektor,** ned vom **Lektor!***

*M: **Hektor?** Um Himmelswilln! Des is doch ä Flächenmooß!*

*F: Sooch ämool, bisd du su bläid odder dousd du nur su? Des is ned **Hektor,** sondern **Hektar.***

*M: Selber bläid. Weil edz hobbi di erwischd. Des wassi ganz genau. Hektar homm di aldn Götter **Attilas** in **Olympia** gsoffn: **Hektar und Ambrosius.***

*F. Moo, woss für ä Gschmaar! Des is ja ned zum aushaldn. Lass des blous kann heern! Des woar der **Olymp** aff **Attika,** und des woar ned **Ambrosius,** sonders **Ambrosia,** und änn **Hektar** homms goar ned gsuffn, die Götter, sondern än **Nektar.***

*M: Dou moui ja lachn! Ich waor in der Schul im Chor und dou hobbi mid än andern sogar im **Dütt** singer derfn: „**Bald gras ich am Nektar, bald gras ich am Rhein.**"*

*F: Ja Himmel, Orsch und Zwirn! Dou härd si doch alles aaf. Su bläid kommer doch goar ned sei. Gsunger hossd du Depp ned im **Dütt,** sondern im **Duett.***

*Und der Fluss hassd ned **Nektar**, sondern **Neckar**, dassders wassd.*

> *M: Woss schreidsn edz suu? Wer schreid, hodd nie rechd. Iich mou mi doch ned vo dir su ooschreier lassn. Weil anns wassi ganz genau. Ä **Duett** is woss, wou zwaa affeinander schäissn denner. Woss sachsd edz?*

F: Wassd woss? Iich sooch edz goar nix mer. Sunnsd driffd mi am End nu der Schlooch, weil mi su aafreeng mou.

> *M: Iich glaab, ich lees edz läiber di Zeidung. Konnis ämool hoom? Mid dir kommer si ja suwiesu ned ieber di höhere Bildung underhaldn.*

Sie schüttelt den Kopf, tauschen Buch und Zeitung

> *M: Dou schau! Däi suchn widder Kandidadn für **Wer wird Millionär**? Dou kennerdi mi doch bewerbn? Häddi sicher ä Chance.*

F: Des machsd. Sochmers obber vurher, damid iich bei der Sendung in Urlaub foarn konn.

Norbert Autenrieth (nach Willi Fehse)

Kommunales Wählerwo-dumm

Dä mündige Bürger schdähd vorm Blagood
und brauchäd an Rood
er sichd scheena Gsichdä
Gschäfdsführä, Richdä

Dogdä sänn aff dä Lisdn
Anwäld, Jurisdn
er sichd laudä freindlia Leit
zu ollem bereit

Jeder lachd'n schee o
dä Bürcher denkt- wos solli no doo
dä ane is jung, dä andä erfohrn
dä a inwestiert, dä näxde will schboorn

Dä a will an fortschriddlin Ort
dä andä a Holl für'n Schport
di näxd meechäd a Schull, daß jeder wos waß
und dä Frosch brauchd an Zau, der soll af ka Schdraß

Su wärms ummän Wähler sei Schdimm
und wänns dann nidd gwähld, is dess fei schlimm

Doch wu di Schdimma schee langa
zu dem is dä Wähler glei ganga:
„Ich hobdi fei gwähld, du messäsdmä hälfn."
jeedn Dooch dudd a anderer gnälfn

Und sachd dä Bolidiggä naa
dudd dä Wähler noochdroochäd saa
ihm gähds dann wie in Frosch in oll denna Johrn
ka Zau af dä Schdraß - und er wädd übäfohrn

Fritz Stiegler

Wahl

In alle Umfroogn, die mer ja edsd jedn Dooch dreimohl grichd,
hassd's, dass si a Driddl vo alle Leid no immer nedd sicher sinn,
wen's bei der Bundesdoochswohl wähln solln.
Obber völlich egohl, wo's dann dadsächlich ihr Greudsla machen –
Iech bin mer sicher, dass in amm Johr
beschdimmd mehr wey die Hälfd vo die Leid soogn wern,
dass edsd wissen, dass wos Falsches gwähld hamm.

Erich Hübel

Verrigde Weld

Di Weld is gloodn
wäi e Bulvefass...

Di Weld koo glai
houchgäih
wäi e Bombn...

Alle wissen's...

Und alle zündeln rum
wäi klaane Kinnele
im Haihaafn...

Walter Tausendpfund

Fetzn

**Fetzn, ja Fetzn, lauder glanne Fetzn vo Gschichdn, senn in meim Kopf.
Lauder Fetzn, glanne Fetzn, obber hold ka ganza Gschichd.**

Dou is der Bsouch bo an Freind, der in Urlaub is. Nedd freiwilli. Staatlich angeordnet. Fodd hold, wech vo der Schdrass. Äigschberrd hold, wechgschberrd. Is eds a woschd, weecher wos. Denn hobbi bsouchd. Gohr ned su leichd. .Hobbi an Zeddl ausfülln mäihn, bissi dann di Erlaubnis gräichd hobb, dassin bsougn deff. Fast wäi fräiher in der Rebubligg (DDR). Dou hobbi a immer an Ohdrooch schdelln mäihn, wenni an Freind bsouchd hobb. Hobb a immer waddn mäihn, bissi di Erlaubnis ghabd hobb.

Domols hommsder äs Audo zerliechd und hom olles durchsouchd. Desmol homms blous mi durchsouchd. Olles wos in meim Kiddl wohr, hobbi rausdou maihn. Hobbi ned gwissd. Wohr a Haufn Wohr in meim Kiddl. Hobbi olles in su a glaans Kästla nei dou mäihn. Su a Kästla in der Wänd. Wohr fassd zglaa. Däi Wohr is dauernd rohgfolln. Hobbi an feierroudn Kopf gräichd. Wennis gwissd hädd, häddi hold mein Kiddl dervuur ausgrahmd. Hobbi obber ned gwissd. Bsouch ja a ned offd an Freind, der für längere Zeid „verreist" is.

Ärcherdwäi hobbi dann doch däi ganza Wohr in des Kästla nei brachd, des Dierla zougmachd, zougschberrd, in Schlüssl ohgeehm, und scho häddi mein Freind fassd bsougn deffn. Hobbi obber nu durch su a Schrankn laafn mäihn. Hadds aff amol biebsd. Homms mi a weng ohdadschd. Su vo ohm bis undn. Homms nix gfunna. Hobbi di Schouh roh dou mäihn. Numohl durch di Schrankn, hadds aff amol nemmer biebsd. Und scho hobbi mein Freind bsouchd.

Fetzn, ja Fetzn, lauder glanne Fetzn vo Gschichdn, senn in meim Kopf. Lauder Fetzn, glanne Fetzn, obber hold ka ganza Gschichd.

Dou wohri amol widder in an Museum. Wer mi a weng kennd, wass, dassi gehrn amol in a Museum gäih. Desmohl hobber mer obber des Museum ned selber rausgsouchd, wall der Bsouch in dem Museum wohr a Dahl vo an Verreinsausfluuch, wou ich miedgfohrn bin, und wou ich a Middglied in dem Verein bin. Es wohr a Ausfluuch vo unserer Feierwehr. Is obber eigndli a woschd, aff jedn Foll wohr ich widder amol in an Museum. A olda Wohr ohgschaud. Zufälli - fier mich - vom Ausfluchsorganisador nadierli ned zufälli, sondern ganz bewussd ausgsouchd, woschd, ob as an bsondern Inderesse, odder walls hold grod am Weech gleng is, und desweeng goud neibassd hadd, aff jedn Foll wohrn mir in an Waffn-Museum. Mir sollerd gohr ned glaam, wos dou olles fier a Wohr gibbd. Häddi gohr ned dengd, dass dou wergli a Haufn braggdischa Wohr derbei is. Mir wärs ja zerschd gohr ned aufgfolln, wenn ned a Bekannde, däi aa aff dem Feierwehrausfluuch derbei wohr, obwulls selber ned bo der Feierwehr is, sondern blous ihr Bekannder, ders hold miedgnumma had, aff amohl gsachd hadd, des Ding dou, des is wos braggdisch. Des wohr a su a glanna Bisdohln, su fier zwaa, drei Kugln odder su. Aff jedn Foll hadds gmahnd, su a glaans Rewolferla, in der Handdaschn drin, wär gohr ned su bläid, mir wass ja ned, ob mers ned grood amol braugn kennerd. Vo dou oh bin i mid ganz andere Augn durch des Museum ganga, und hobb mer bo jedn Gwehr und bo jeder Bisdohln dengd, fier wos mer des braung kennerd. Aff amohl hobbi a ganz a komisch Gwehr gsehng. Des hadd gohr ned su richdi wäi a richdis Gwehr ausgschaud. Hadd a bohr su ganz komische Houng drohghabbd, und i hobb ieberhaubd ned gwissd, wos des für a Gwehr is. Hobber mer dann vo su anner Museumsrumführeri, su anner Museumsfachfrau, a weng erklärn louhn. Des is a Gwehr fir Einarmige. Braggdisch hobber mer dengd. Dou hadder anner an Arm wechgschossn, und du meechersd a Ann an Arm wechschäisn, dann kannsd des immer nu dou, obwull dir der Arm scho

wechgschsossn is. Wergli braggdisch. Wäri selber wohrscheinli nedd drauf-
kumma.

Fetzn, ja Fetzn, lauder glanne Fetzn vo Gschichdn, senn in meim Kopf.
Lauder Fetzn, glanne Fetzn, obber hold ka ganza Gschichd.

Dou binni amol widder aff Nemberch gfohrn. Middn Zuuch. Hobbi dengd,
ich kaaf mer a Fohrkaddn. Schollder gibbds ja kann mehr. Binni hold an
den Audomaadn hie, und hobb gmaahnd, dou lässder schnell a Fohrkaddn
raus. Hobbi gmaahnd. Fohr ja ned su offd middn Zuuch. Obwulls vielleichd
gscheider wär, umweldmäsich gsehng. Aff jedn Foll schdäih ich vuur dem
Audomaadn und drigg a weng drauf rum. Rumdriggn is vielleichd ned
ganz richdi gsachd, mir dudd ja blous nu sein Finger aff su a Gloosscheim
liegn, und dann kummd wos. Ärdcherd a su a Deggsd, denn wou ich ned
verschdäih. Noja, hobbi hold a weng su rumgedassded, bin ned su richdi
weider kumma, und ärcherwäi hobbis dann doch zammbrachd, dass su a
Schdreifnkaddn rauskumma is. Eigndli wolldi ja ärcherd a su a Daachesdig-
ged, obber der Zuuch is scho reigrollerd, und dann hobbi hold des raus-
gloun, wossi grood driggd ghabbd hobb.

Ganz schnell hobbi den Schdreifn nu in den Schdemmblabbarad neig-
holdn und dann binni äigschdiegn. Hobb mer dengd, zom Fohrkaddnkaafn
brauchsd boll länger, wäi zom Zuuchfohrn. Aff jedn Foll hogg ich in dem
Zuuch, mid ärcherd anner Kaddn, und wadd, bis der Schaffner kummd.
Der Schaffner, hadd mich ganz freundlich aff sächsisch begrüssd, hadd-
mer gsachd, dassi ned olles ganz richdi gmachd hobb, hommer obber
midanander su hiebrachd, dass bassd hadd. Und äs neggsd mohl wenni a
Fohrkaddn brauch, frouchi an Junga, wäi des gedd, und ich denk, in anner
goudn Schdund wärr ich di richdiche Fohrkaddn hohm.

Fetzn, ja Fetzn, lauder glanne Fetzn vo Gschichdn, senn in meim Kopf.
Lauder Fetzn, glanne Fetzn, obber hold ka ganza Gschichd.

Dou wohri aff unserer Kärwa. I gäih ja gern aff Kärwas und andere Fessdli. Wer mi a bissla kennd wass des. Aff jedn Foll binni under anderm an dem Dooch aff di Kärwa ganga, wous ghassn hadd, des is der Ohmd fier di Junga. Hobb gmaahnd, des schooderd doch nix wennsd amol wou hie gessd, wou di Junga su hie genna. Wohr su a Rogg-Ohmd. Hobbi gmaahnd, dou härsd amol a wenig wos anderschds. Ned immer des olde Zeich, wou ich fräiher ghorchd hobb, hobber mi obber gscheid daischd.

Ned dassmer ned gfolln hädd. Obber däi Mussig fier däi junga Leid wohr aff amohl däi Mussig, däi wou scho fassd old wohr, wäi mir jung wohrn. Bin eds ich nu su jung, odder is mid däi Junga gohr nix mehr lous? Und su gäihds mer öffders: Ich verschdäih mi ganz goud mid di Junga, is ja ned schlecht. Wäi ich jung wohr hobber mi mid di Oldn ned immer ganz su goud verschdanna. Wos isn lous mid däi junga Leid? Nix is lous. Woschd is na olles, odder a ned. Wenn su a older Daggl wäi ich, olde Gschichdn derzilld, horgns a nu zou! Is ja schäih, freier mi aa. Obber wou senn di Revoluzzer di Rebelln? Gibds kanne mehr? Macher mer fei boll a weng Sorgn.

Fetzn, ja Fetzn, lauder glanne Fetzn vo Gschichdn, senn in meim Kopf. Lauder Fetzn, glanne Fetzn, obber hold ka ganza Gschichd.

Gibd nu a Haufn Fetzn vo Gschichdn, und ärcherdwenn machi as su an Fetzn a richdiche Gschichd.

Peter Landshuter

Veschdesd duu dees no?

Gesdern homms gsachd
SCHWARZ is ROUD...

Dann soongs
ROUD is GELB...

Haid soongs
GELB is SCHWARZ...

Morng soongs gwies:

Miir sen alle bläid,
waal med wissen,
wos GREI is...

Walter Tausenpfund

Ess allärgrößde Geheimnis
Oddär:
Woss där Geheimdiensd-Scheff
zu amm Noachwuchs-Dschäms-Bond gsachd hoadd

„A Geheimnis
is blouß dann
a ächds Geheimnis
wenn-s außär diir
kannär kennd."

„A nu größärs Geheimnis
is a Geheimnis,
voa demm
wousd nedd amoal du
woss wassd."

„Ess allärgrößde Geheimnis obbär,
dess is a Geheimis,
dess wou su geheim is,
dass nedd amoal ess Geheimnis wass,
dass a Geheimnis is."

Friedrich Ach

Di ibärsedzung
Oddär:
Woss bassierd, wem-mä maand, dass alli su
sinn, wäi mä selbär is

Wenn du sagsd:
„Dess värschdäihd doch
ka Mensch",
dann bedeid dess
inn Woahrheid,
dass-där-s blouß
du nedd
begrifn hoasd,
du ganz alaans!

Friedrich Ach

Inn där Wärdschafd
Oddär:
Woss a aldär Schdammdischlär sachd,
als är gfrouchd wärd,
woss ess Schönsde fir iihn wär

Reikumma,

hi-hoggn,

und

biss zumm

Sangd-Nimmärleins-Dooch

nimmär aufschdäih.

Friedrich Ach

Glügg ghabbd odder man konns a so seeng

Heier hobbi mir
des gschmarri vom Heißmann
ned oohärn mäin.

Heier hobbi
ka angsd ghabbd,
dassi vo die böller
än hörschdurz gräich.

Heier ismer
di Leuchsentaler Blasmusik
erschboord bliem.

Heier ismer
beim kärwalauf
ned die lufd ausganger.

Heier hobbimi
von die andern leid
ned midschungeln loun mäin.

Heier hobbi ned
zweggs prosid
und gemüdlichkeid
aaf kommando saufn mäin.

Heier hoddmi
der Billiche Jakob
ned bläid
oogräd.

Heier ismer ned schlechd worn
vo anner feddn haxn
odder weil mer
anner sei haxn
iebern kiddl schbeid.

Heier hoddsmer
ned di dräner rausdriem
vom rauch
vo di gewedldn hering.

Heier hobbi
ka angsd ghabbd,
dassmi beim hammgäih
a bsuffner jugendlicher
oofälld.

Heier ismer
beim erndedangzuuch
kanner aff die fäiss gschdiieng.

Heier woari ned
aff der Färder Kärwa.

Norbert Autenrieth

Über das volkslied 1

kein mensch geht nieber zum schmied seiner frau,
kein mensch kennt unsern kranken nachbarn auch,
kein mensch frissd mer alle broodwerschd zamm,
kein mensch zuggd und zabbeld noch,
kein mensch träumt in irgendeinem schatten,
kein mensch zieht zum heiligen Veit,
kein mensch will nach Island ziehn,
kein mensch „muass lusti sei",
kein mensch fährt auf einer hölzern wurzl,
kein mensch will fleißige handwerker sehn,
kein mensch zeigt seine füßchen,
kein mensch muss zum städele hinaus.

Über das volkslied 2

kein müller wandert mehr aus lust,
kein wandersmann will sich auf die fahrt begeben,
kein bauer spannt rösslein ein,
keine mutter hat vier kinder,
kein fuchs stiehlt eine gans,
kein lenz will grüßen,
kein tiroler ist lustig,
kein häschen ist in der grube,

kein männlein steht im walde,
kein brüderchen tanzt,
keine katze steht im schnee,
kein kuckuck ruft aus dem wald,
kein vogel will hochzeit machen,
kein gott irgendeine gunst erweisen,
keine gedanken sind frei.

Norbert Autenrieth

Gedächtnis

Iech bin ja scho in am Alder,
wo i mi dswor, dsum Beischbill, gans genau droo erinnern konn,
wey die in Berlin domols die Mauer baud hamm.
Mier is, als wär des erschd gesdern gwesn.
Bloß leider bassierd's immer öfder,
dass i mi nimmer droo erinnern konn,
wos gesdern gwesn is.

Erich Hübel

Konsequent dumm!

Es is ja eichendlich nedd dsum glaum,
obber es wor in meiner seriösn Dseidung gschdandn:
Do hodd si a Moo midd'n Corona-Virus ongschdeggd ghabbd,
is ins Grangnhaus aff die Indensiefschdadion kommer,
is obber drodsdem dann gschdorm.
Und wos sochd sei Widwe doderdsu?
Sie mahnd, dass er nedd am Corona gschdorm sei konn,
wall's des ja goornedd gibd!
Die Fraa däd beschdimmd ah ihrm Navi glaam,
des ihr sochd, sie soll in ann Fluß odder See neifohrn.
Und wenn dann ihr Audo suh schee langsam undergehd,
däd's wohrscheinds no jemand onrufn und erdsähln,
dass grood aff anner nassn Audobohn gans ohne Verkehr underwechs is.

Erich Hübel

Defizitkompensation

Wenn junge Leid heid froogn,
wey mier freyers ohne Indernedd
überhaubds hamm lehm kenner,
kommer bloß andwordn:
Mier hamm nedd gegoogelt,
mier hamm hald noochdachd!

Erich Hübel

Deutsche Kultur

Gans laud brodesdiern ofd Leid,
wenn widder Migrandn dsu uns kommer.
Sie soong, des däd ircherdwann die deudsche Kuldur verwässern -
Goethe und Mozart und suh.
Dabei kenner die massdn vo denne
Doch beschdimmd ka ahndziche Sümbfonie vom Goethe.

Erich Hübel

Schloofanfall odder über die Philosophie

Es is mir ä wunderboorer sadz eigfalln wäi iich grod aafgwachd bin und iich hobbmer dengd den mou iich mir aafschreim denn suer sadz is eine offenbarung und es is der sadz an sich gween obber dann bin iich widder eidösd wenner mir jedz nur grood eifalln däd der sadz weil des woar der sadz der alles erklärn hädd kenner ganz anders wäi *Wenn ein Kreter sagt alle Kreter lügen* und ich genau wass dass der baradoxe sadz ned schdimmer konn weils ja immer nu möglich is dass ned alle kreder lügner und nur der anne kreder der den sadz sachd und doudermid is alles möglich oder unmöglich obber des konns ned gehm weil wenn irgerdwoss möglich is dann is ja die möglichkeid des unmöglichen scho endhaldn weil sunsd kennerds ja ned blous möglich sei weil wenn iich sooch *Ich komme möglicherweis zu dir* dann ist ja möglich dass iich doch ned kumm obber wenn iich sooch *Ich komme unmöglich zu dir* dann is die möglichkleid dass iich kumm ausgschlossn also is des word möglich ein unding und nur unmöglich is eine vernünftige aussooch als wäi wenn ich sooch *Ich komme etwas früher* odder *Ich komme etwas später* goar ka aussooch ned is und das ist wie beim *Newton´schen Apfel* der immer affn boodn fälld obber kanner wass wann er des vielleichd amool ned machd nur weil des nu nie bassierd is und ieberhabbds is suer gegenschdand nur in einem bezugsysdem denkboor also is der abfel an sich ohne jede bedeudung und des word derfier is ned ämool ä zeichn fier irgerdwoss sondern blous ä … ä … ä vereinborung besdnfalls … und wenni dann a nu begriffe wäi *Liebe* odder *Sehnsucht* heer dann heerdsi des ganz aaf weil des wörder sin däi unendlich vühl bedeudunger homm kenner völlig abhängig vo dem bezugsystem in dener sie gebrauchd odder missbrauchd wern woss desselbe is und niemand soong konn wann suwoss wohr odder falsch is und dou is ja scho beinooh verrügd wenn anner maand er müsserd edz deskriptive Sädze formuliern odder irgerdwoss Normatives deduziern woss dann wohr odder falsch is odder besdnfalls möglich-unmöglich.

Edz is mer der Satz widder eigfalln!

Was ein Wort bedeutet, kann ein Satz nicht sagen.

Der Sadz is obber ned vo mir, sondern vom Ludwig Wittgenstein. Schood.

Norbert Autenrieth

Ehrlicher Glückwunsch

Wemmer suh lesn duhd, wos berühmde Leid übers Älderwern song,
kommer scho irre wern.
Suh hodd der Franz Kafka gsochd:
„Wer sich die Fähigkeit erhält, Schönes zu erkennen, wird nie alt werden."
Der Charles Aznavour hodd derfier gmahnd:
„Man muss alt werden, um Schönes zu erkennen"
lech alder Moo soch:
„Als normohler Mensch erkenn' i,
dass Du middlerweiln gans schee ald worn bisd!"

Erich Hübel

ICH ! BIN ! RENTNER !

Als fränkischer Autor, Kabarettist, Musiker, Wortakrobat und gleichzeitig humorvoller Beobachter seiner Mitmenschen muss man nicht mehr beweisen, dass Humor vor allem in schwierigen Zeiten ein wichtiger, unverzichtbarer Bestandteil des Lebens ist.

Ich! Bin! Rentner! Somit gehöre ich automatisch zu dieser ambivalenten Sorte von Menschen, die einerseits beneidet, andererseits auch oft belächelt werden. Neid entsteht wegen der vermeintlich und angeblich grenzenlos zur Verfügung stehenden Freizeit. Wir kommen da später noch drauf. Genauso unbegründet ist aber das große Bedauern für diese Menschen, denn der befürchtete sofort und unvermindert einsetzende Verfall von Geist und Körper findet so nicht statt. Der hat schleichend schon viel früher begonnen. Schulmediziner sprechen hier vom ca. 27. Lebensjahr.

Da geht's schon los, langsam, aber sicher. Aha.

Zur Erstellung dieses Artikels hier hab ich dann auch wieder mal meine Zitatensammlung durchforstet. Seit Jahrzehnten sammle ich alte Sprüche, sinnvolle Zitate, bewährte Lebensweisheiten, interessante Aphorismen usw. Zwei dieser Rhetorik-Bomben möchte ich Ihnen weitergeben. Hier die eine: „Das Schlimme an der heutigen Jugend ist, dass man selbst nicht mehr dazu gehört". Na ja, kann man so sehen, muss man aber nicht. Über den anderen Spruch denke ich zwar seltener, aber immerhin manchmal nach: „Im Alter kommt es nur darauf an, mit wieviel Heiterkeit man seinem rüstigen Verfall entgegengeht".

Na, das ist doch mal eine Ansage. Trommelwirbel, Tusch, Applaus. So geht das.

Ich habe mir für meine Mit-Rentner und Pensionisten schon mal ein paar Tipps und Hinweise überlegt, um den neuen Lebensabschnitt etwas lockerer zu bewältigen. Zu Beginn steht der Rat „Lieber lächeln als hecheln". Gut. Man sollte auch die verbliebenen oder verblichenen bzw. ausgebleichten Haare nicht zählen – gell. Frage dazu: „Empfindet man aus tiefstem Herzen Ehrfurcht oder eher Furcht und Grauen vor dem grauen Haar?" Alles nicht schlimm.

Den folgenden Absatz jetzt bitte nicht ganz so ernst nehmen:

Man sollte auch unbedingt nicht alle Gratulanten bei hohen runden Geburtstagen explizit beim Wort nehmen. Warum? Weil manche nämlich zynisch, hämisch grinsend Glückwünsche ob des großen erreichten Alters heucheln. Sie täuschen tröstend mitfühlenden Zuspruch vor, haben aber im Gewande den Dolch, den sie auch noch genüsslich in der Wunde drehen, und das mit gnadenloser Barmherzigkeit. Diese Leute sollen nichts, gar nichts aus unserer unbewegten Mine schließen können, und schon gar nicht die klaffende Wunde in unserem Herzen erkennen. Ist das klar? Wirklich? Nehmen wir beispielsweise das 65. Lebensjahr. Man wird ja völlig unerwartet und überraschend in die letzten 35 % seines Lebensjahrhunderts gestoßen. Man sieht das auch. Das Gesicht ist nicht mehr so einfältig, es ist vielfältiger geworden. Vor allem die Stirn, die man Jahrzehnte dem Schicksal geboten hat. Jetzt nochmal: Nicht ganz ernst nehmen, diese Sätze!

Letzter negativer Gedanke: Warum heißen „Rentner" eigentlich „Rentner"? Weil man auch bei etwas nachlassendem Geist – nach seinem Status gefragt – das Wort auch rückwärts lesen kann.

Natürlich gibt es auch viele humorvolle Seiten, die man dem Thema abgewinnen kann. Schon die unterschiedlichen Daseins-Bezeichnungen regen zum Nachdenken an: Rentner, Privatier, Pensionist, Ruheständler, Bezieher von Altersversorgung usw. Mein Nachbar mit einem ausgeprägten Hang zu frankophiler Lebensart bezeichnet sich selbst (Achtung: französisch) als „Rentier", ausgesprochen als „Rentieee". Ausgedruckt, so hab ich ihm erklärt, liest sich das wie ein lappländisches Herdentier. Hat ihm nicht so gefallen. Er behauptet aber, er habe momentan genau das richtige Alter, er wolle nur noch herausfinden wofür.

Genau – darum geht's. Locker bleiben, lustig bleiben, sich Zeit für Humor nehmen. Was die kleinen Wehwehchen angeht, habe ich für mich auf der Suche nach dem „WARUM" ein „EGAL" gefunden. Natürlich, ich weiß, wenn die Kerzen auf dem Kuchen mehr kosten als der Kuchen selbst, ist man nicht mehr ganz jung. Ist halt so. Na und?

Einer meiner langjährigen Musikerkollegen behauptet ja grinsend: „Wenn mich jemals anner ald nennen sollde, hau ich dem mid meim Gehstock anns auf die Rübe und werf' ihm mei Gebiss hinderher". Klar, so geht's auch. Der macht ja auch lieber Parkbanking als Onlinebanking. Sagt er. Und er kokettiert wirklich gnadenlos mit seinen Jahren. Neulich erklärt er mir: „Di Menschn demonschdriern ja gecher alles mögliche. Gecher Radikalismus, gecher Feudalismus, gecher Eggsdremismus. Ich gründ edz a Rendner-Demonschdradsion gecher Rheumadismus".

Die Uhrzeit 9 Uhr gibt's für ihn nur einmal am Tag, nämlich abends. Nach seinen sportlichen Aktivitäten gefragt, bekennt er: „Des ledzde mol, wäi ich Schbord gmachd hob, des wor im Ogdoober. Also - Zwanzichdreizehn". Er ist ja noch völlig fit im Kopf, auch wenn er neulich mal seine IBAN-Nummer mit dem Kontostand verwechselt hat. Wenn er überhaupt mal frühzeitig aufsteht, dann hat das zwei Gründe: erstens um die Welt zu retten und zweitens um nicht ins Bett zu pinkeln. Naja gut, das kennt man ja. Das ist der existenzielle Kampf zwischen Noch-Müdigkeit und dem meist dominierenden Harndrang. Also alles ganz normal.

Mit listigem Lächeln erklärt er, dass manche Begriffe in seinem Wortschatz jetzt eine viel größere Bedeutung hätten, wie früher, nämlich:

Baumarkt, Sofa, Darmspiegelung, Hörbuch, Kreuzworträtsel, Straßenbahn fahren, Puzzle legen, Pillen-Wochen-Dose, Zahnersatz, Hörgeräte, Winkfleisch unterhalb der Oberarme, und seine beiden wichtigsten Begriffe hießen: „neue Gelassenheit" und „Wohlfühlfaktor".

Die Sache mit der senilen Bettflucht käme für ihn nicht in Frage. Er würde, sagt er, zwar ganz gerne „rumrentnern" und fühle sich dabei auch noch als „relevande Berson der Zeidgeschichde". Seinen Wecker benütze er aber entweder nur noch als Eieruhr, oder er nehme ihm die Batterien raus und blecke ihm dabei die Zunge. Er wolle sich außerdem als „Wirtschaftsprüfer in fränkischen Wirtshäusern" entwickeln oder alternativ als „Currywurst-Sommelier". Er wolle auch nur noch qualitativ sehr guten Wein in froher Runde „ein-litern". Eines traut er sich allerdings nicht mehr: Auf der Computer-Tastatur gleichzeitig „Alt" und „Entfernen" zu drücken.

Zwei interessante Aspekte hat er noch angeführt. Das allseits bekannte „Rentner-Starter-Paket" mit senffarbener Hose und senffarbener ärmelloser 100-Taschen-Jacke einschließlich senffarbenem Pseudo-Safarihut lehnt er genau so ab wie die Birkenstocksandalen und die obligatorischen weißen Socken. Auf jeden Fall will er noch ab und zu joggen. Seine Begründung: „Dou wou andere Händi, Schlüssl und Ausweis verliern, dou werd ich an brominender Schdelle a boor Feddbolsder verliern – verschdandn?"

Fazit nach diesen erhellenden Gedanken: Jeder will alt werden, aber niemand will älter werden.

Viele versuchen es mit Creme, Botox und Skalpell, um ganz natürliche Alterungsprozesse mit Brachialgewalt zu verlangsamen. Geht nicht. Wissen wir.

Sollte ich je nach meiner eigenen Meinung zu all diesen Themen gefragt werden, würde ich folgendes antworten – und ich bin da ja ganz meiner Meinung:

„Oben fit und unten dicht – mehr wünsch ich mir fürs Alter nicht".
Einverstanden?

Jürgen Leuchauer

Woss di aldn ofd besser kenner

Viel wissen
obber
es ned vor sich herdrong
wie es krokodil
von lacoste.

Alle zuheern
obber ned
aff jedn.

An goudn rood geem
obber ned
Frau Irene von der
illustrierdn sei.

Aff der höhe der zeid sei
obber ned
ihr noochlaafn.

I lohe onsprüch
an sich selber stelln
obber ned
von die andern immer glei
es selbe erwardn.

Zu jedn freindli sei
obber ned
jedn sei kumbl.

Jedn sei rechd lassn
obber ned
jedn rechd gehm.

Sich selber möng
obber
a die andern reschbegdiern.

Norbert Autenrieth

Naus in di Nadur

*„Jeder Baum, jede Hecke ist ein Strauß von Blumen, und man möchte zum Mai-
enkäfer werden, um in dem Meer von Wohlgerüchen herumschweben und alle
seine Nahrung darin finden zu können."*

Spricht der Dichterfürst Johann Wolfgang von Goethe. Und so nähern
sich auch die Mitglieder des Collegiums Nürnberger Mundartdichter in
poetischer Form der spätestens seit der Romantik als Sehnsuchtsort aus-
gewiesenen Natur in allen ihren Formen. Sie spüren den Phänomenen der
Veränderung im Jahreslauf nach oder stellen – teilweise philosophisch an-
gehauchte – Betrachtungen über Pflanzen und Tiere an.

Dass diese teilweise auch gegen den Strich gebürstet sind, kann nur ober-
flächlich verwundern, hat doch die Natur ab und an auch etwas Unerwar-
tetes, Sperriges, ja Hinterfotziges im Gefolge und mancher Gemüsezüchter
und Kleingärtner samt seinen Gartenzwergen weiß ein Lied davon zu sin-
gen, sieht er sich doch mit Problemen konfrontiert, die ihm sein Engage-
ment für die Natur aufbürdet. Das lässt sich dann nur mit Humor ertragen.

Und wenn man schon nicht unserem Dichterfürsten nacheifern und zum
Maikäfer werden will – zu welch grausamen Ergebnissen eine solche „Ver-
wandlung" führen kann, kann man bei Kafka nachlesen – so stimmt man
doch mit ihm in einem anderen Gedanken überein:

*„Die Natur auffassen und sie unmittelbar benutzen, ist wenig Menschen gege-
ben; zwischen Erkenntnis und Gebrauch erfinden sie sich gern ein Luftgespinst,
das sie sorgfältig ausbilden, und darüber den Gegenstand zugleich mit der Be-
nutzung vergessen."*

Ja, er war eben oft seiner Zeit voraus, der gute Goethe!

Johreszeidn

Frühjohr

In ganzn Winder ieber ward mer aff's Frühjohr. Wenn im März is erschte Mol die Sunna a weng raus kummd, maand mer fast, dass' scho so weid wär. Nadirli bloß, wenn die Sunna scheind. Sunsd is immer no gscheid kald. Eichendli misserd mer ja wissn, dass Onfang März no net Frühling sei konn, bloos, mer mercherds hald so geern.

Summer

Aff'n Summer freia si alle. Wenn der Wedderberichd dreißich Grod osocht, dann sin alle glückli un fohrn in Urlaub. Odder wengstens zum Boden an an Baggersee.

Am Ofang gfällts mir scho a. Bloß wenns z'lang so haas is, dann nimmer. Wall, wenn ich schwidzn will na langd mer eichendlich mei Gardenerbert.

Herbst

Wenn si der Summer glammheimlich verabschied hod, dann wärds richtich schee. G'ernt werd aff di Felder. Vom Wald her leichds bund rieber wenn schräche Sunnastrohln aff des gelbe und rode Laub falln. „Altweibersummer" songs dann. Ich was ned worum. Wall eichendli gfällt des doch an jedn, ned bloos anner alden Fra.

Winder

Der Winder, des is wos ganz wos schbeziells. Zerschd ward mer draff und hoffd, dass er ball kummd und dass an Weihnachdn a Schnee lichd. Obber dann, wenn er wergli do is, dann moch mer'n nimmer, wall mastns is dann scho Osdern.

Margit Begiebing

Woss saa kennd
Oddär:
Zumm Schluss kummd raus, warumm-s nedd su is

Su schäi
kennd-s saa.

Di Sunna
kennd scheina,
und di Vöchäli
kenndn zwidschärn.

Und woss is?

Windär is!

Friedrich Ach

Handgreifli

In lebberi quaadschn,
dassersi durch di finger gquedschd,
midn laamer badschn,
dass braune schbridzer aff die arm gibbd,
draaf wardn,
wäi der lebberi es wasser braun verschlierd
und a wenger groos derzou gehm,
damids a subbn werd.

Jedn winder nimmermer vur,
dassi des im summer endli widder mach.

Norbert Autenrieth

Hindärhär
Oddär:
Su sinn-s, di Leid

Dengk-där nix däbei,
soong di Selbn,
däi wou hindärhär soong:
Dess häs-d-är doch dengkn kenna!

Friedrich Ach

Januar

Äweng sin
gehsteich
weiß bestäubd
und gstembeld scho
vo stiefel und
vo schuh.

Ned lang
und nix mehr
is zu sehng
nur hier und dou
ä dreggerdweißer
schmierer.

Februar

Ä jede käldn
is ä schlechds zeichn,
ä kädzle scho
ä oofluuch fier ä
griene zeid.
Und in di knosbn
neischaun mechdmer,
um soong zu kenner,
edz is nimmer weid.

März

Di neigier treibd
an naus.
Zum schauer ob di krödn
underweegs,
ob zwischn schlüsselblummer
blaue leberblümle
schdenner,
dassd soong konnsd
nauswärds gäihds.

April

Än griener reif
homm bäum und büsch
etz alle midänand
und manche wandrer
konnsd scho seeng
di strümbf aff
halbmasd und
blasse woodn
blidzn.

Mai

Alles schäi
grünfrisch.
Nimmer von der käld
un nunned vo der hidz
derwischd.
Viel sichi
edzerd draußn
diefer schnaufn
als normool
und iich erwisch
mi selber
a därbei.

Juni

Am sunndooch
is edz widder
moodnschau
am kanool.
Di neisdn jogginganzüch
schnaufn schwer vorbei
und ieber säddel
hänger
neonbunde schwarddn.

Juli

Im schwimmbood
affn bauch
lieng und dösn
und alles härn
als wärs weid weg.
Ä gfühl
wäi beim medidiern
und aafschdäih
dousd ned,
a wennsd schwidzd.

August

Dengdi nieber
iebers meer,
dord wou
di lufd flimmmerd
in der hidz.
Wo weiß und blau
sich drenner
wäiä strich und
tooch vergänger
dusererd gnuuch
und kaum
zum schbürn.

September

Änn jedn warmer
dooch moumer ausnüdzn,
weil bald is vorbei
middn biergärdler
und middn dösn
aff der gardnlieng,
wennsd vom biergärdler
widder hammgwaggld bisd.

Oktober

Ä monad ohne gsichd,
ned winder scho und
herbsd ned mer.
Blous beim diskaunder
siggsd etz scho
die erschdn buldsermärdl
und manche soong,
dass die zeid su schnell
vergäihd.

November

Iich frooch mi offd,
ob mir die zeid
su grau vurkummd,
weil dodnsunndoch
und volgsdrauerdooch
zammkummer
odder
ob des dadsächli
umkehrd is.

Dezember

Edz driffds ann
widder knübbldigg
mid glidzerengl und
mid weihnachdsliedgesäusl
und jeder gori maand
„des machi nimmer mid".
Von „einfach" und von „ruhig" is di
reed.

Es weihnachdsgschäfd woar heier
widder goad, konnsd nochher
in der zeidung leesn.

Norbert Autenrieth

Kleingärdner-Wochn

Mondooch:

Gäißn, wenns ned greengd hodd. Es ungraud im saloodbeed jädn, di erd-beern erndn.

Aff ä halbe ins gärdnerheim

Diensdooch:

Gäißn, wenns ned greengd hodd. Di bohner naafbindn und in ridder-schborn abschneidn. Beim rasnmäher än ölwechsel machn.

Zur monadsversammlung ins gärdnerheim.

Middwoch:

Gäißn, wenns ned greengd hodd. Rasnmäher und zammrechner. di gardnbank streichn.

Zur schoofkobfnrundn ins gärdnerheim.

Donnersdooch:

Gäißn, wenns ned greengd hodd. Zucchini erndn und widder schneggn-korn streier. Wou der erschde kubfsalood woar, umgroam.

Es gärnderheim hod ruhedooch.

Freidooch:

Gäißn, wenns ned greengd hodd. Ä wenig nachn rechdn schauer .

Ins gärdnerheim, weil der Gräbners Hans sein gebordsdooch feiern doud.

Samsdooch:

Gäißn, wenns ned greengd hodd. Großkambfdooch. Der ganze gardn mou aff vordermann brachd werrn: rasn schneidn, heggn noochschneidn, erbsn ernd und ausbuhln, johaniisbeer rodou und abzubfn. Gehschdeich kehrn und hamm zum boodn.

Ohmds im gärdnerheim schbühln „di drei holzhagger" Großkambfdooch.

Sunndooch:

Gäißn, wenns ned greengd hodd. Midder Fraa und di kinder änn gemüdlichn dooch verbringer. Ä weng grilln und ä weng kaffe und koung am nachmiddoch. Um sechser gäihds hamm zum fernseh schauer.

Eigendli stäihd a im gärdnerheim ä fernseher.

Norbert Autenrieth

Oanfang Abril
Oddär:
Ibär zwaa Insegdn-Oardn,
däi scheinboar ka Frijoahrs-Midichkeid kenna

Di Hummeln
sinn aff amoal
ganz wäbsärd,
und di Wäsbn
firn si blödzli auf,
als wenn-s Hummln
imm Hindärn häddn.

Friedrich Ach

Domadn, odda nexds Joa fei nemma

Am Oofang von Joa. Ehrgeizich gween. Aff däi Soamabörsn ganga. Wecha Zeich fiern Gaddn. Durch de Leid durchzwengd. Diedla mid Bildla oogschaud. Draamd. Belehrn loa. Alde Domadnsordn nach de Bildla ausgsuchd. Geld dou loun, ned zu knabb.

Hamm kumma mid zwaa Diedla Domadn-Soama. Gscheid gfreid. Ausgseed, aff dera Fensdabenk higschdelld. Jedn Dooch oogschaud.

Nach verza Dooch a griens Schbizla gseeng un arch gfreid. Gward, bissla gossn un greddn med ehna. Wall, mei Nachba, Godd hob'n seelich, hodd imma gsachd: Med de Blumma moa ma blaudan. Nachad hobba ma dengd. Wos fier de Blumma goud is, konn fier de Domadn ned schlechd sei.

Domadnbflenzla sin gwachsn. Rechd schnell. Lang un dinn sins gworn. Zooschdochala hibundn, dass ned abgniggn. Un des 44 mol. Se senn rechd schnell gwachsn, schnella als wäi iich gmaand hobb. Zon Gaddnmarggd gfoorn, neie Depfla kaffd. Geld dou loan. Bflenzla biggierd, umgsedzd in gräißere Depfla, alle organisch abbaubar. Däi konni dann afn Kombosd dou. Soamadiedla aff Schbiesla dou, dazou gscheggd, dass ma schbeda no wass, woss woss is. Nacha boa Wochn widda umdopfd, gossn. Zon Gaddnmarggd gfoorn wecha naia gressere Debfla, däi kenna mi doddn scho. Däi Domadnbflenzla edzala aaf lengere Schaschliggschbisla hibundn, gwadd.

Nix bassierd, wochnlang. Woss hobbin falsch gmachd? Da Himmel wass, wos des fiera exodischa Woa iss. Abba es sin ja alda Soddn, rein, nix banschd. Dess homms aaf Gardnmarggd gsachd. Abba des Wachsdum schdagnierd, wäima asu schäi sachd.

Endlich sen däi Eisheilign vobei un däi Depfla med däi Domadn derfn naus in Gaddn. Iich freimi arch gscheid. Un ich glaab, däi Bflenzla a. Wall, edzala fangas richdi zon wachsn oo. Un an dorschd hom däi, des glabsd ned. Iich kumm goa nemma noch middn gießn. Des mou iich gans allans machen. Wall, mei Moo, der schbozd amol in Duubf nei un dengd, dess iss gossn. Na na, däi Domadnbflenzla braugn scho a Wassa, gscheid vill. Däi Depfla wern widda zu klaa, däi Domadn mäin in die Erdn. Alle 44 Schdigg. Ich glaab ja werggli, dass alle Soama aafganga sen.

Schäi. Abba woss ned schäi is, dassi edz nimma wass, wos welcha Soddn is. Wall däi Diedla, dou woa des draafschdaid, gans aafgwaachd si, dassmas nimma lesn koo.

Bläid gloffn!

Vaschengd hobbi a welche. Abba hobb imma nou an Haufn ghadd. Iieberoal hobbis neigsedzd, däi Domadnblenzla, ieberoll woa Bledzla woa. Zwischa däi Blumma, nebas Gaddnhaisla un dodd woa hald nou wos frei woa. Dann is widda lang nix bassierd. un ich hobb dengd, des woas edzadla.

Irchandwann woar i amool midn Audo undawechs un dou siech ich aff dera Landschdrass woss liegn woss goud fier de Rosn is. Wall mai Nachbar, Godd hob'n seelich, hodd gsachd. Madla, wennsd Bferdeebfl gräigsd fier die Rosn nimms miid. Däi sin goud als Dünga. Un woss fier die Rosn goud is, konn fier die Domadn ja ned schlechd sei. Hobba ma dengd. Zufällich hobbi a Diedn dabei ghodd un nachad hobbis einbaggd. Mei Moo wor ned asu begeisderd. Wechan Geruch in Audo. Dou hodda durch gmäisd aff der Fohrd hamm. Wall es is ja er, wechadem iich des alles mach middi Domadn. Wallas asu gern issd.

Nachdem iich den Bferde-Schbezialdinga bei denna Domadnbflenzla in die Erdn nei hobb nacha sins weida gwachsn. Obba wäi! Des glaamsi ned. Rechelrechd exblodierd sens. Groas sens worn, bläid homms. Iich bin imma gressa worn vo lauda Schdolz. Ausgeizd, gossn, fesdbundn un fodografierd hobbis aa. Dann sin as däi glann gelbn Bliidn griena Bollalla worn. Bollala, dann Bolln. Domadn, endlich. Un dann hobbi nimma gwissd, wossi machen soll. Road sennsa alle midananda worn. Als obsessi abgschbrochn heddn, däi Gribbl. Iich bin nemma nochkumma medn Giesn, Ausgeizn, Fesdbindn un Umsetzn. Umsedzn!!! Dess hobbi anu machen mäin, wall däi asu grous worn sin. Riesn-Domadn? Genmudadion? Iich wass a ned.

Domadn-Solod gmachd. Domadn-buree eigfruurn, Domadn-Subbn kochd. Meina Leid un miir sen däi Domadn scho as die Augn naus kumma. Mei Gfrierschrang vull mid den Domadn-Zeich.

Nachds hobbi blous no vo Domadn draamd. Ungfrouchd hobbi Rezebde gräichd fier de Verarbeidung vo Domadn, vo meine sogenannden Freindinna. Und: Hossdes scho ausbrobierd? Gell dess is goud, odda nedd? Iich hedd schreia kenna. As ledzde wossi gmachd hobb woar Domadn-Dschadny. Iich sooch edz ned wäivill Glesla dess worn Abba: Fier Marmalad zon Eikochn im Summa hobbi edz kanne Gläsla mehr.

Also wenn Sie miich ieber Domadn froogn: Nechsds Joa fei nemma!

Christa Bellanova

Fordärrunga
Oddär:
Mä mou immär bedengkn,
woss amm End däbei rauskummd

Ess gibbd Fordärunga,
dass Diere
wäi Menschn
behandld wärn sollädn.

Doudäzou
koann-i blouß soong:
Dou binn-i
dodoal dägeeng.

Wall dess,
dess hoamm
däi arma Viechär
einfach nedd värdäind.

Friedrich Ach

Aafstand vo di gardnzwerch

Woss deedn däi wohl soong,
däi middi gardnzwerch in gardn,
wenn däi ganzn zwerch
lebendi werredn ieber nachd?

Wenn der schubkarrnzwerch
wäi a gsengde sau
durchn gardn rumbeln däd,
der middn spoodn
ä luuch groberd,
dassdi drinner verschdeggn kennersd,
der midder bügelsäch
si an di conifern vergreiferd,
wenn di giesserzwerch
es gmüüsbeed
under wasser sedzerdn,
derweil der rechnzwerch
schimbfn däd wäia roorschbadz,
dass er nimmer noochkummd,
weil di andern
ä suer sauerei machn.

Und der oberzwerch,
der midn längsdn board
und mid der grässdn pfeifn,
der däd durchn gardn hecheln
und immer schreier:
„Schneller, schneller,
seid er nunni ferdi?"

Und kanner kennerds aafhaldn!

A den ned, der immer
sein naggerden oarsch nausstreggd
und edz alle, däi vorbeigänger, ooschreid:
„Leggmi doch am oarsch!"
Und a gecher den kummsd ned oo,
der fräier immer blous pfiffn hodd,
wenn anner vorbeiganger is:
Der will edz immer alle weiber
undern rogg fummeln,
wenns vorbeigänger.

Norbert Autenrieth

Wilderei oder ä gschbräch middn nachbern

Grüsgodd, nachber. No, wenichsdens beim gehschdeichkehrn kummd mer hald zamm. Gell, des machn sie a äsu: Am samsdooch werd gehsschdeich kehrd und dann werd boodn. Des woar scho immer su, joarerdooch.

Ledzde wochn hobbi sie goarned gseeng. Iich hobb mer scho dengd, edz lässd mei nachber am end den gehschdeich aa su versauer wäi der ander dou driem! - Woos, in krangnhaus sinds gween! Ja warum? Midder heggns- cheer homsersi ins baa gschniddn! Ja iich siechs scho, homms ern ganz scheener verband droo.

Mäisderns hald aa su bequem sei wäi der dou driem und alles verloddern und verwildern loun. Nou kennerd ihner suwoss ned bassiern.

Also iich wass ned. Woos song edz dou sie? Edz sin däi scho vor achd wochn eizuung und nicht einmool in gehschdeich kehrd! Wenn edz der ned bald ooschdaldn machd, nou meldi des der gmaa. Jedesmool, wenns ä wengern wind gibbd, nou fläichd der ganze dreeg zu mir nieber. Und iich derf dann deensein dreeg wechmachn. Der schbinnd wohl. Des brauchi blous in Den- nerleins Korl soong, der is im gmaarood und mei freind.

Und homms scho gseng, wäi den sei gardn ausschaud - no, gardn kommer des ja nimmer nenner. Des is ä wildnis. Stelln sersi ner vur, woss der zu mir gsachd hodd! Derweil hobbis nur goad gmaand. Ledzde wochn hobbin zufälli an sein gardndierle gseng. Nou binni schnell naus und hobb su dou, als dädi woss vom briefkasdn hulln. Dann hobbi freindli gräißd und gsachd: „Dess is schee, dassmersi a ämoll siechd. Songs, ihr rasnmäher is wohl ka- budd, weil bei ihner dou doud ja scho der klee bläiher und es unkraud kummd aa aaf. Iich leih ihnern mein fei gern ämool, wenns wolln. Braungsis nur soong."

Schdelln sersi ner vur, woss der zu mir gsachd hodd. Sachd der ned: „Danke, obber des brauchds ned. Iich hobb gorkann rasnmäher. Mir gfällds, wenns wächsd, wäis mooch. Obber ich konn ihner mein meder leiher, dann kenners die hälmla vo ihrn Rosn noochmessn." Und hodd si umdrehd und is ganger. Glaamsis, iich woar su verdadderd, dass mer goar nix eigfalln is.

Dou hommer woss hergräichd! Hoffendli zaichd nehmdroo ned aa su ä gschwaddl nei! Woss maaner si? Des wird ä griener sei? Des is mir worschd, wecher mir moold si der grün oo. Obber dass den sein ungraudsoomer zu mir nieberfläichd, des lou iich mir ned gfalln! Dou ärberd mer und ärberd mer, dass mers schäi hodd, und dann kummd su a gori derher, und macherd alles hi!

Obber wissens, wossi soong hädd solln. Hinderher is mers eigfalln. Iich hädd soong solln: „Iich wass scho, si schneidn ihr groos ned, dassmers ned siechd, wennsi ihr alde immer naggerd in di sunner leechd!" Dou hädder gschbidzd!

Woher iich des wass? No, wenni aff mein schbidzbuudn gäih, aff di ladder schdeich, es fensderle aafmach und mi aff die zeherschbidzn schdell, nou siechis ganz genau!

Norbert Autenrieth

In gardn schauer

Iich schau immer gern in mein gardn.
A im winder.
Iich hob ja es voglhäusler direggd
gecherüber von mein küchnfensder.
Dou schaui immer gern zou.
Iich frei mi,
wenn die meisn
an die knödel hänger
und di schbadzn ins vuglhäusler neifläing,
obber glei widder naus.

Däi hom wohrscheinli angsd
vurn nachbern seiner kadz.
Obber däi is äweng bläid.
Hobi nu nie gseng,
dass däi an erwischd hädd.

Worüber iich mich wergli ärgern dou,
des sind di bläidn amseln.
Immer wenn dou anne kummd,
und ins häusler fläichd,
dann fläing alle andern vögl weg.
Und drauer si nimmer hi.

Däi schauer scho su aggressiv,
die amseln.
Iich mochs ned.

Däi wärn doch woss
für die kadz.
Wär aa mehr droo
als bei die schbadzn

Norbert Autenrieth

Ka Hausdier mehr

Zwa Hund hommer ghabd. Roddweiler. Scheene Kerl, allzwa. Sin beide ald worn.

Obber is ewiche Lebn had kanner, die Hund ned und mir Menschn a ned. Deswegn wolln mir kan Hund mer. Mir sin edz einfach zu ald. Also: Schluss die Vorstellung. A wenn mer's manchmol vermissd, es machd hald doch an Haufn Erberd, so a Viech.

A Johr is des her. Edz hommer widder a Hausdier und des machd a an Haufn Ärberd.

Wie's haßd und wie's ausschaud, frong Sie? Ja, an Noma had's ned und gseng hob' ich des Bärschla a no ned.

Wohna dud er bei uns im Gardn. Z'erschd homm nern die Nachbern ghabd, edz homm nern mir. Gell, edz wissen's vo wos ich red: Vo am Maulwurf.

Die Nachbern hom a boor hunderd Euro in'n Baumarkd drong um alles Mechliche zu kaafn wos den Maulwurf verdreibn soll. Hi machen derf mern ned, wall Maulwürf ja under Nadurschutz schdenga. Mer derf's bloos verdreibn. Also, di Nachbern hom nern verdriebn und seiddem isser bei uns.

Mir hom an klanna Gardn. Drei Maulwurfshaufn und mer brauchd nimmer mäha. Is a Argumend, odder? Nur schee schauds hald ned aus.

Wall ich kanne Hunderde vo Euro iebrich hob wie die Nachbern bin ich ned in'n Baumarkd, sondern ins Inderned ganga. Dann hob ich an Schdufenplon erschdelld.

Als erschdes hob ichs mid Kaffeesadz brobierd. A boor Doch hadder Ruh gebn, der Fregger und ich hob scho dengd, dass' glabbd hod und dasser weg is. Obber anscheind hod er sich an den Coffein-Rausch gwöhnd, wall, zagg, worn frieh blödzlich glei zwa neie Hubbel do.

Die näxde Schdufn wor die Sach' mid der Geruchsbeläsdigung. Maulwürf seng schlechd, könna obber gud rieng. Also hob ich Zwiebln gschniddn bis meine Händ gschdunkn hom wie... Red' mer ned weider drieber. Nei mid die Zwiebel-schnidz ins Maulwurfsloch.

Aus dem Loch isser nimmer raus, derfier had er zwa andere Löcher grobn.

Wos du konnst, du Maulaff, des konn ich a, hob ich mer dengd und hob die näxde Schdufn meiner Andi-Maulwurf-Rakedn zünd. Des wor, dass ich fer den Doldi kochd hob. A Subbn aus Zwiebln, Knoblauch und wos ich sunsd no Stingerds in meiner Kichn gfundn hob. Die Maulwurfshubbel aufgmachd, schee dief, und die Schdinkbombn neigschüdd. Und soford widder zugmachd und fesddredn damid der Gschdank a jo undn bleibd.

Sozusogn als flankierende Maßnohm hob ich a boormol am Doch wie verrieckd mid am Besn auf mein Rasn eigschlogn. Wall, Erschüdderunga und Grach moch er a ned.

Ich glaab, desmol hadds funktionierd und er is wech. Jedenfalls hob ich seid a boor Doch kann neia Hubbel mer im Gardn gfundn. Ich konn gor ned sogn wie froh ich do drieber bin.

Blos die glanne Dochder vo unsere Nachbern aff der andern Seidn hod mid mir gschimpfd: „Unsere Kindergärtnerin hat erzählt dass Maulwerfer sehr nützliche Tiere sind. Es ist böse so ein Nutztier zu vertreiben!"

Ja, dodermid muss ich lebn. Und dass mir edz widder ka Hausdier mer hom.

Drotzdem ieberlech ich mir, ob mer uns ned widder an Hund oschaffn sollerdn, wall, wenn a Hund im Gardn is, draud si ka Maulwurf nei. Und a Hund is is bessere Hausdier, des könners mer glaam.

Margit Begiebing

Där aane und där andär
Oddär:
Su-a Fisch is a blouß a Mensch

Während där Hechd
oaalgladd woar,
woar där Karbfn
a weng barsch.

Friedrich Ach

werkli

fraali
sen di blumme schee
kloor...
aa
di felsn doo driieme
kloor...
aa
di burch dord droome
kloor...
aa
däi schdedle
und dees alles hald...

kloor
dees waaß me doch...

desdeweeng
mou me no lang ned oohgeeehm
wäi zeeh naggede neeche
also naa...naa

Walter Tausendpfund

also naa ...

baim
hüüchele
bechle
wiiesn
egge
haise...

ganz kloor
meehr brauchsd ned...

abbe duu
alde schbinne
megsd
dauernd
e gschiieß
draus machen

mou dees sai?

lou doch den Baam
aa schdeeh
den Bach wäi e is
und dees alles

doo driieme...

schnell is wech
schnell is hiie...

und
nached grainsd
wall nix meehr
so is
wäi's woor...

Walter Tausendpfund

Där Wald
Oddär:
Irchädwoss schdöörd immär

Där Wald
wär ja ganz schäi,
wenn-är blouß
di Bäim nedd wärn.

Friedrich Ach

Gut begründet

Iech hobb gherd, dass mer a Fraa
nedd in der Schönheidsklinigg aufgnommer hodd,
wo's dsu anner Brustvergrößerung
und Libbnaufschbridsung ongmelded wor,
wall's kann Imbfnoochweis nedd ghabbd hadd.
Die Fraa hodd bedond, dass si si nedd imbfn lässd,
wall's nedd suh Chemiedseuch in ihrm Körber hamm will,
vo dem kanner wass, wos des onrichdn konn.

Erich Hübel

Impf-Vorsicht

Wemmer si beim Dierardsd imbfn lässd,
muss mer fei gscheid aufbassn,
dass ann der nedd no glei
a Endwurmungskur verbassn duhd!

Erich Hübel

Iich wass ned, woss des wohl sei soll

Iich wass ned, woss des wohl sei soll,
dass iich su trauri bin,
ä gschichd, dai erlebsd nur amool
dai gäid mer ned ausm sinn.

Es is scho kühl und werd dungl,
die bengerds blädscherd derhi,
der burchberch leichd wiä a karfungl,
weil di sunner scheind grood douhi.

Dou hoggd a wunderboars madler,
an der freiungsmauer su schäi,
sie drächd a ganzer kurz klaadler,
und hoarer hodds bis zum knäi.

Mid änn goldener kamm doudsis kämmer
und a ä lied singds derbei.
Doch ka anzigs word is zu känner,
su arch is derer ihr gschrei.

Affn hengerschdeech schdäihd ä mannsbüld,
dem is des ganze ä graus,
der schbierd, wenn däi su därhibrülld
dess häld sei bloosn ned aus.

Iich glaab, der doldi doud brunnsn,
verzweifld nei in den fluss,
und dro schuld is nur däi bläid blunsn,
wenn er ä schdroof edz zohln muss.

Norbert Autenrieth frei nach Heinrich Heine

Inhalt

Inhalt

Woss di Sproch su ausmachd

Allmächd, wer hädd mid suwoss grechnd!

Inhalt

Midernander gäihd alles besser

Inhalt

Denggn is manchmol schmerzli

Inhalt

Naus in di Nadur

Inhalt

Autorinnen und Autoren

Friedrich Ach

Friedrich Ach, 1948 in Fürth geboren, wohnt in Nürnberg. Seit 1977 schreibt er Gedichte und Kurzprosa in Hochdeutsch und Mundart. Mit seinen Texten will er Alltagsgeschehnisse aus dem Alltäglichen herausheben. Wort für Wort wird bei ihm das Wort beim Wort genommen. Er ist Mitglied im AutorenVerband Franken (AVF), im Verband deutscher Schriftsteller (VS) und im Arbeitskreis Mundart in der Kirche (MINK). Er hat mehrere Bücher veröffentlicht.

Dr. Norbert Autenrieth

Dr. Norbert Autenrieth lebt in Cadolzburg. Seit den siebziger Jahren schreibt er in Mundart und in Hochdeutsch. Er ist Sprecher des „Collegiums Nürnberger Mundartdichter", Zweiter Vorsitzender des „Autoren Verbands Franken", Mitglied im „Pegnesischen Blumenorden" und bei den „Wortkünstlern Mittelfranken". Er hat zahlreiche Arbeiten veröffentlicht, Literaturpreise erhalten und ist mit Lesungen auch in Radio und Fernsehen aufgetreten.

www.norbert-autenrieth.jimdofree.com

Christa Bellanova

Christa L.A. Bellanova ist in Fürth geboren, lebt aber seit ihrer Jugend in Nürnberg. Das gesprochene Wort, später das geschriebene, haben sie ihr Leben lang begleitet. Sie schreibt hauptsächlich Kurzgeschichten, historisch gefärbte Erzählungen, Märchen, Lyrik und Haiku. Es gibt zwei eigene Büchlein mit ihren Texten und diverse Veröffentlichungen in Anthologien. Sie ist ehrenamtliches Redaktionsmitglied in Printmedien der Selbsthilfe und Mitglied beim AutorenVerband Franken und bei den Wortkünstlern Mittelfranken.

Margit Begiebing

Margit Begiebing, geboren in Ansbach, aufgewachsen in Koblenz, ist seit vielen Jahren in der mittelfränkischen Kleinstadt Langenzenn beheimatet. Die Autorin hat vier Bücher veröffentlicht. Texte von ihr sind außerdem in zahlreichen Anthologien erschienen. 2017 hat sie den Fränkischen Kurzgeschichtenpreis gewonnen. Margit Begiebing ist im Vorstand des Autoren-Verbands Franken und Mitglied der Schreibwerkstatt Wendelstein.

Erich Hübel

Erich Hübel kam 1971 zum Lehramts-Studium nach Nürnberg, der Stadt mit dem „allerschönsten Dialekt", in die er sich sofort verliebte. Seitdem ist er bekennender Wahl-Nürnberger und „mooch gans arch" besonders die fränkische Sprache, die ihm, wie auch der ruhmreiche 1. FCN, extrem wichtig fürs Gefühl von Heimat geworden ist. Seit Beginn seines Ruhestands schreibt er vor allem satirisch-humorvolle Texte auf Fränkisch, oft auch zu tagesaktuellen Themen, wie sie in mittlerweile fünf Büchern niedergelegt sind.

Peter Landshuter

Peter Landshuter schreibt so wie er denkt und spricht, fränkisch. Geboren in Seitendorf, jetzt ein Ortsteil von Heilsbronn, lebt er immer noch dort. Begonnen hat er mit Mundarttexten für Geburtstage u.ä. Er engagiert sich in seiner Kirchengemeinde, der Rohrer Theatergruppe und an den Theatertagen der Arbeitsgemeinschaft Mundarttheater Franken. Vor einigen Jahren war er in der frän-kischen Poetry Slam-Szene sehr aktiv, hat sich aber irgendwie hinausgeschlichen. Er ist Mitglied im AutorenVerband Franken.

Jürgen Leuchauer

Jürgen Leuchauer, seit Jahren als fränkischer Kaba-
rettist auf den Kleinkunstbühnen der Region unter-
wegs, hat drei sehr erfolgreiche Bücher über humor-
volle Eigenheiten des fränkischen Dialektes ge-
schrieben, war auch schon an etlichen Anthologien
beteiligt. Er gilt längst als etablierte Bereicherung
der hiesigen Mundart-Szene. Seine Sammelsurien
aus dem umgangssprachlichen Alltag spiegeln die
fränkische Volksseele und deren rhetorische Aus-
wüchse wider, und zwar auf höchst unterhaltsame,
humorvolle und trotzdem lehrreiche Art.

Annette Scheil

Annette Scheil ist 1956 in Nürnberg geboren. Mehr
als 30 Jahre war sie als Sekretärin im Druck- und
Verlagswesen tätig und ist mittlerweile im (Un-)
Ruhestand. Sie ist der deutschen Sprache sehr ver-
bunden, natürlich auch dem fränkischen Dialekt.
Den Sprachschutz betreibt sie aktiv nicht nur im
Verein Deutsche Sprache e. V., sondern auch mit
eigenen Werken und schreibt Gedichte und Kurz-
geschichten, eben auch in fränkischer Mundart und
dies mit besonderem Sprachwitz.

www.vds-mfr.de

Fritz Stiegler

Fritz Stieger – ein Bauer geht fremd: Neben seiner Arbeit im Pferdestall und auf der Haselnussplantage schreibt Fritz Stiegler neben Romanen auch Librettos und Liedtexte für Musicals, zuletzt den Roman und das Musical „Heiner". Ab und zu findet er die Muse für das eine oder andere Mundartgedicht.

Walter Tausendpfund

Walter Tausendpfund ist 1944 geboren Sein literarischer Blick ist nicht nur auf die unmittelbare und nähere Umgebung mit ihren Eigenarten gerichtet, sondern sein Augenmerk geht auch immer wieder weit über den heimischen Tellerrand hinaus, publiziert in bisher 14 „Mundartlichen Beiträgen" und über 40 Anthologien. Manche menschlichen Schicksale aus Vergangenheit und Gegenwart hat er in bisher vierzehn dramatischen Langstücken und diversen Kurzepisoden niedergeschrieben.

www. walter-tausendpfund.de